JN076343

仕事・人づきあいで差がつく

知っておきたい心理テクニック

156

心理学研究家
神岡真司

辰巳出版

はじめに

「新しい人生」を手に入れていただくために学校を卒業し、新社会人としてスタートされる方や、新たな職場に転職される方は、「新しい人間関係」を構築できる絶好のチャンスに恵まれています。

今までとは、まるで違う環境で、あなたの素晴らしい人間性を輝かせることができる出発点だからです。

そんな「新しい人生」のスタートを切るにあたって、本書はあなたに、人間関係を上手にこなしていただくための知恵と技術を提供いたします。

心理学の豊富な知見の中から、ビジネスや人間関係で知っておくと必ず役に立つ「心理学のノウハウ」を網羅させていただいたからです。

本書は、6つのカテゴリーから成り立ちます。

❶ あなたを好印象に見せ、あなたの周囲を心地よい環境に導いていく対人関係の心理メソッド
❷ 相対する人物の心を読み解き、誘導して本音を語らせてしまう心理ツール
❸ 仕事をスムーズにこなすためのビジネス交渉術と対人コントロールの手法
❹ 自分の感情を上手に制御し、どんな相手にも負けない自己防御と対人牽制の心理テクニック
❺ 異性との人間関係を自在に操り、理想の関係を構築していく心理プログラム
❻ 人間心理を解き明かした、知っておくと便利なより抜きの「心理法則28項目」の紹介

以上の通り、あなたの今後の人生を「新しい人生」に置き換えていくことができる心理手法を厳選しています。

どうか、パラパラとページを手繰っていただき、興味のある項目から、お読みください。どこから読んでいただいても、高い納得度が得られる内容と自負する次第なのです。

著者

＝ こんなあなたへ ＝

相手の本音が知りたい！

交渉に強くなりたい！

秘密を聞き出したい！

ウソを見破りたい！

営業力を上げたい！

モテたい！

要求を通したい

苦手な人をなくしたい！

かけひきに強くなりたい！

パワハラをやめさせたい！

イヤな人を上手にスルーしたい！

クレーマーに負けたくない！

怒る人を鎮めたい！

自分の評価を高めたい！

断り上手な人になりたい！

人の心を読めるようになりたい！

好印象の人になりたい！

恋人がほしい！

ステップアップしたい！

怒らない人間になりたい！

PART 1
好感度アップのための
心理の裏ワザ28

PART 2

本音も性格も秘密までも
まるわかりの心理テクニック20

PART**3**
ビジネスで勝てる
スマート心理テクニック42

PART 4
自分と相手の
感情コントロール法24

PART **5**
男女の心理の表と裏14

巻末プレゼンツ
知っておくべき基本の心理法則28

好感度アップのための
心理の裏ワザ

28

01 出会いの場面の「一瞬」で 好印象をゲットする

人は「うれしい人やモノ」に遭遇すると 目を見張る習性あり

　出会いの場では、「パッと見」で、相手がどんな人なのかを判断しています（安心か脅威を感じる相手なのかを識別）。ゆえに初対面時は緊張し、顔の表情や言葉もぎこちなくなりがちです。

　こんな時こそ、ほんの少し眉を上げ、目を見開くようにしてから笑顔を作るべきです。それだけで相手の無意識に「好印象」がすばやく刻みこめます。人は好きなものや関心の高いものに遭遇すると無意識に瞳孔を開き、目を広げるようにするからです（エッカード・ヘスの研究）。この表情が、うれしさや喜びの感情表現として相手に伝わり、強い歓迎の意と映るのです。

> **POINT**
> 　出会いの瞬間、おたがいが抱く印象を「初頭効果」と言います。恐い顔、神経質な顔、不機嫌な表情などは、初頭効果で「脅威」を与えるため損をします。その瞬間的なイメージだけが、いつまでも相手の無意識に長く鮮明に刻まれてしまうからです。

PART1

「口角」を上げるだけでも 「好印象」に

笑顔は「友好・共感」を伝え、 リラックスさせる便利ツール

　サービス業では、「笑顔」が大事です。ムスッとした愛想のない表情や、イライラした顔立ちで接客すれば、お客さんにも「脅威」を与えます。「脅威」を感じると交感神経を刺激され、不快になります。「脅威」とは、動物が敵と遭遇した時の緊張の反応に他ならないからです。ゆえに笑顔が大事になります。敵ではなく味方として共感してもらわなければならないからです。

　笑顔の表情はいろいろですが、唇の両端の口角を少し上げ、いわゆる「アヒル口」のようにするだけでも、スマイル（微笑）になるので、その人の好感度をアップさせるのに効果的です。

POINT

　不良を気取る人や、反社会的勢力に属する人は、わざと恐い顔を作る人が多いものです。これは相手を威嚇し、自分が優位に立たなければならない場面が多いため、そうなるわけです。

　この場合はスゴミを効かせたほうがトクをするからなのです。

挨拶は自分の認知度・好感度アップに貢献する

挨拶は相手あっての自分という「気づき」と「他者受容」

「おはようございます」「お疲れ様です」といった明るい挨拶は、自分から素直に積極的に行うべきものです。相手が反応してくれそうにないから…などと躊躇すると、自分の認知度を下げ、相手への無視・無関心を決めこむ態度になります。相手を尊重するからこそ、自分の存在価値も生まれます。ゆえに、抑揚のない声で「おは…ござ…す」などと無神経な挨拶は、もっての外なのです。これでは相手を受容する態度とは言えません。

　自分のほうから、先手・先手で笑顔できちんと挨拶するからこそ、相手への「尊重」と「心配り」が示せるわけです。

POINT

　自分を無視されたり、ぞんざいに扱われると、人は「脅威」を感じ、「不安」になります。それは本能に潜む「生存欲求」を否定されたに等しいからです。自分の存在基盤の確立のためにも、先に相手を尊重する挨拶こそが、先手で欠かせなくなるのです。

PART1

04 挨拶に添える言葉ひとつで「人たらし」になれる

人からの適切な配慮の言葉は「承認欲求」を充足させる

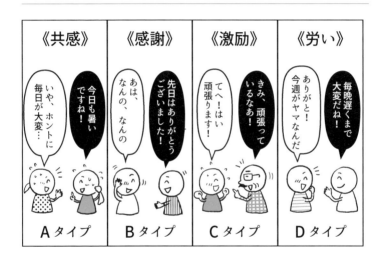

《共感》	《感謝》	《激励》	《労い》
いや、ホントに毎日が大変… / 今日も暑いですね！	あは、なんの、なんの / 先日はありがとうございました！	て〜！はい頑張ります！ / きみ、頑張っているなあ！	ありがと！今週がヤマなんだ / 毎晩遅くまで大変だね！
Aタイプ	Bタイプ	Cタイプ	Dタイプ

「人たらし」とは、愛され、かわいがられる人のことです。一般に挨拶の時、「おはようございます」「こんにちは」だけだと儀礼的です。しかし、「今日も暑いですね」「先週はいろいろ助かりました」「頑張ってるね」「忙しそうだね」などの共感、感謝、激励、労いなどの言葉が付くと心の温かさを感じさせられます。自分の状況への洞察があると、自己存在を確認・肯定できるからです。

17

05 「ええと」「あのう」の 口癖を消すと好印象に

話は短くストレートに伝わるほど喜ばれる

　話の途中に「ええと」「まっ…その」「あのー」などの余計なセリフが多い人がいます。会議やスピーチ、上司の前などで緊張し、言葉に詰まりがちな人に多く見られる口癖です。

　しかし、これが過剰だと聞き手は不快です。話が曖昧で筋が見えてこず、苛立たせられるからです。これでは、自信がなく、自分の考えも持っていない人物と見くびられかねません。一度ボイスレコーダーで、自分の話し方をチェックするとよいのです。

　もしも、こんな口癖があるなら、話す場面では緊張しないよう、あらかじめ話の要点をまとめておく習慣が大事になります。

POINT

　「ええと」「あのう」といったセリフは、意識しないとつい出てしまうセリフです。次の言葉を考える時、言葉の溝を満たすべく無意識に発するからです。米国では、「フィラーワード（埋め言葉）」と呼ばれ、スピーチ中に「出てこない練習」も盛んです。

PART1

注意のセリフに「感謝」で応じると関係が良好に

感謝の言葉は「魔法のフレーズ」

　誰かに何かで注意喚起する時は、語調もきつくなりがちです。「ここに〇〇を置くなよ！」などと命令形になるのです。言われたほうもムカついて「うるさいな、わかってるよ」などと返すでしょう。すると「わかってるなら、置くなよ！」などと憤怒の応酬になります。険悪な関係がすぐに出来上がるわけです。

　こんな注意を受けた時には、「ありがとう、教えてくれて」と感謝の言葉を添えて返せばカドも立たなくなります。「お前はバカだ！」などと喧嘩を売られた時でも、「ご忠告ありがとう」と冷静に返せば、相手も続けて「バカ野郎」とは言えなくなります。

POINT

　「感謝のフレーズ」は人の「承認欲求」を満たします。相手の自尊心を持ち上げる効果があるのです。それゆえ、丁寧な感謝の言葉でお礼を言われると、照れ隠しで「いやいや、それほどのものでは……あはは」などと相好を崩して否定するわけです。

07 否定的に謙遜しても、後の ポジティブ表現で好印象に

「否定的事柄を先・肯定的事柄を後」に 言うと印象が変わる

　贈り物の際、日本人は謙遜し自賛はしません。ただしこれでは儀礼的で素っ気ない印象です。そこで「単なる粗品ですが、〇〇の伝統工芸品です」「ほんのお口汚しですが、一日50個限定で、並ばないと売り切れるお菓子です」などとさり気なくプラス評価を後に付け加えます。するとその品の価値が上がるのです。後のプラス表現のほうが記憶に残るからです（系列位置効果）。

他人の口での「よい評価」を
伝えて好印象に

「よい評価」を聞かされると
自己肯定感アップ

　誰かから「経済に相当お詳しいそうですね」とか「仕事でメキ
メキ成果を上げているようですね」などと自分のよい評価を聞か
されると、自認していないことでも、とてもうれしくなるもので
す。自分の価値がにわかに上がったようにも感じるからです。こ
れは、適当にとってつけたウソでもよく、「よいウワサ・よい評判」
を相手に聞かせてあげると喜ばれるのです。他人がほめているこ
とを伝聞で伝えてあげる形式だけで、伝えた人までも好印象にな
ります。自分のモノサシで直接相手をたたえるよりも、信憑性
が高まるからです。「ウィンザー効果」と呼ばれています。

POINT

　人をほめるのは難しいものです。直接ほめても、「お世辞」「お
べんちゃら」「ゴマすり」「おべっか」「社交辞令」「追従」「ご機
嫌取り」「媚び」「へつらい」とウソのほめと思われる場合もあ
るからです。他人の口を利用したほめなら自然に見えるのです。

09 誰にでも 好意的に動いてもらう頼み方

気分よくさせれば 「もっと気分よくなりたい」衝動に

　頼み事をするのが下手な人は、自分中心のモノ言いが多いものです。少し上から目線だったり、要求を聞くのが当然と言わんばかりの口を利きがちです。これでは相手も気分よく依頼に応じたい、とはなりません。頼み方が上手な人は、一言ほめてから頼みます。同僚には「仕事もう終わったの？いつも早いなー。ところで、今晩麻雀どう？」と誘い、上司には「課長のネクタイって今日もステキですねえ。あ、ここにハンコをお願いいたします」と書類を回し、奥さんには「きみの手料理は今日も絶品だな、あ、ビールもう一本頼むよ」という具合になるわけです。

POINT

　人は自分勝手な人からの頼み事には、応じたくないのが本来です。ゆえに自分の要求を受け入れさせたい時は、まず相手の気分をよくし、もっと気分をよくするべく自発的な行動を促すのがコツです。ひと手間かければ好意的に応じてくれるのです。

反感を買わずに「指示・命令」を受け入れさせる

「立場が上」でも上から目線になってはいけない

　立場が上だと、下の人には横柄なモノ言いをしたり、有無を言わせぬ命令口調になりがちです。しかし、人は束縛や命令が大嫌いな動物であることを忘れてはいけません。強行していると反感を募らせた相手から思わぬシッペ返しを食らうかもしれません。ここは慎重に、「命令口調」を「質問口調」に置き換えるべきでしょう。「今週中に契約取れよ」でなく、「今週中に契約は取れるかな？」と質問するのです。問われた部下は、一瞬考えてから「はい、何とか取りたいです」と答えるでしょう。問われると、自分で判断して決めた印象が強まり、上司にとっても好都合になります。

POINT

　自分で考え、自由に行動したい——のが本来の人間らしさです。会社という組織に入り、さまざまな制約の中、ノルマに縛られることは、人としても耐え難いものがあるはずです。少し考えさせてから行動を促せば、ストレスも軽減させられます。

11 反感を買わない
「好意的な叱責の仕方」

いきなりの「禁止」のセリフは反発を生む

　ミスや失態の多い部下には、叱責が必要です。しかし、冷静に叱るつもりが感情的になって怒鳴っていたという場面も多いことでしょう。そんな時には、自分の判断を押し付けるよりも、他人の口を借りたほうが反発を生まずに要求が受け入れられます。「マイ・フレンド・ジョン・テクニック」という方法で、「僕の友達のジョンが言ってたけど…」といった伝え方です。「お前また遅刻かよ、バカヤロウ」でなく、「僕の同期で遅刻ばかりして評価も最悪だった奴が、ある時からピタリと遅刻しなくなったんだよ。それはね、対策を真剣に講じたからなんだそうだ」などと伝えたほうが効果的なのです。

POINT

　自分の考えを押し付ける形での叱責だと、「10時までには絶対寝ろ！」「深酒をやめろ！」「特大音の目覚ましを買え！」「お前、ボーナスはないぞ」「お前、次はクビだ」などとなりがちです。人は怒鳴られるより、教訓のほうが心に沁みるのです。

PART1

12 「不都合」でも好意的に 解釈させてしまう論理

抵抗を覚える事柄は 「大義名分」で丸めこめる

　会社の仕事で法令違反が少々見つかっても、「これも会社のためだから仕方がない」と誰かが言うと道理が引っこみます。

　サービス残業や遠距離通勤の苦しさも、「きみの家族の幸せのためだろ」と誰かに言われると、「そうなんだ」と腑に落ちます。

　これが「大義名分」の威力です。少々の不正や不正義も別の論理にやすやすと置き換えられ、正当性を帯びてしまうのです。

13 「名誉」を鼓舞されると好意的な解釈で行動する

人はプライドや矜持で 行動を選択する生き物

　さまざまな事情から、迷ったり、ためらったりで行動に移せない人はいるものです。そんな人に勇気を奮い立たせるのに効果的なのが、「きみの真価を見せてやれよ」「きみが男気を発揮するチャンスだ」などといった名誉をたたえるセリフでしょう。

　人はプライドを刺激されると、背中を押されます。一歩踏み出す勇気がもらえるからなのです。「いつまで迷ってる」「度胸がないな」などと見くびる言い方よりも、はるかに前向きにさせてくれる言葉だからです。そして、気持ちが固まり始めたら、「きみなら必ずやれるよ」と力強く予言してあげることです。

POINT

　どんな人にもプライドがあり、人はプライドをくすぐられると自尊心が沸き立ちます。「そうだ、私にもできるはず」と自己暗示をかけさせる効果もあるからです。自分を評価し、たたえてくれる人には好意的となり、その期待に応えたくなるわけです。

PART1

 思考の枠組みを変えて
「ピンチ」を緩和させる

認識や思考は簡単に変化する

　物事の見方や考えは、その人の思考や認識の「枠組み（フレーム）」で決まります。大きなミスで落ちこんでいる人は、「もう出世できないな…」などと大げさに捉えます。優秀なスポーツ選手が怪我で入院すると「これで大会出場は絶望的だ」などと悲観します。

　こんな時には「大きなミスだけど、発見が早くて何よりだったんだよ。これで計画の弱点も浮かび上がったよ」とか、「入院して正解だよ。神様が休息を与えたんだよ。物事には必ず意味がある。せっかく故障したのだからプラスに考えよう」などと伝え、固まった思考の枠組みを変えてあげましょう。

POINT

　思考の枠組みを変えることを、心理学では「リフレーミング」と呼びます。ツイていない出来事に遭った時に、ツキがないことを愚痴るよりも、かえって「ラッキーだ」と別次元で発想をポジティブに変えられることが、心の健康には大事なのです。

15 「最悪の事態」をイメージさせ「苦難」を緩和させる

「幸福」も「不幸」も比較から生まれている

　失敗で落ちこんだ人や怪我をして落胆するスポーツ選手などには、現状を大きく悲観的に捉えすぎる傾向があるでしょう。そんな時には、もっと「最悪な事態」を想起してもらい、そうならなかったことをラッキーと感じてもらうことも重要です。

　たとえば、「これぐらいの失敗がなんだよ。もし気づくのが遅れていたら、事態は10倍悪化していたぞ」と伝えたり、「これぐらいの怪我でよかったよ。一歩間違えれば、死んでたかもしれない事故だったんだぞ」と伝えてあげるのも有効でしょう。

　これも前項のリフレーミング同様のフォローアップ例なのです。

POINT

　「ツイてる・ツイてない」「ハッピーかアンハッピーか」は、物事の比較から起きる「思考の枠組み」です。目の前の現状が不幸に思えたら、もっと最悪な状況をイメージするリフレーミングが大事です。心を折らせない仕組みを構築していくことです。

PART1

16 姿勢を伸ばして歩くだけで「好印象」が得られる

姿勢を伸ばすだけで「正常性」をアピールできる

　体調が優れない時、人は背中を丸めがちの姿勢になります。座っている時でも、歩いている時でもそうでしょう。米国の心理学者ニーレンバーグは、目線を上げ、背筋を伸ばして、力強く腕を振って歩くように薦めています。それは、快活に見え、「目標達成志向」が強い人という印象を周囲の人に与えるからなのです。常に姿勢を伸ばして「好印象」を保ちましょう。

17 パーソナルスペースに入る時には「声かけ」を

人に近づく時は適度に「間合い」をとることが大切

　米国の文化人類学者エドワード・T・ホールは、人には相手次第で異なるパーソナルスペースがあることを概念づけました。

　ごく親しい人なら40〜50cmの距離でも不快に感じないものの、見知らぬ人なら2〜3m以内に近づかれただけで脅威を感じるなどの対人距離のことを言います。誰か人に近づく時には、それなりの配慮が必要なのです。机に向かって仕事中、いきなり後ろから肩を叩かれたなら驚いてしまいます。いきなり接近してはいけないのです。必ず「〇〇さん」などと親しく声をかけながら近寄ることが大事なのです。

POINT

　パーソナルスペースは心理的縄張りで、相手との親しい度合いといった関係性で個別に決まります。男性同士の場合は比較的スペースが広く、女性同士の場合は狭いことが知られています。男女の場合、距離感が違うために「勘違い」も生まれます。

PART1

人の姓名を尊重するほど 「好感度」は高まる

姓と名はアイデンティティの塊

アイデンティティとは、自己同一性と訳されます。自分自身を表現する自身そのものの存在感を意味します。人は、自分の姓や名に敏感です。それは姓名が、かけがえのない自分そのものの存在価値を表すからです。ゆえに「呼び捨て」にされれば不快です。「高橋さん」「寺田さん」と尊重されれば安心です。

姓名には他人から侵されがたい尊厳性が宿っているからです。

ゆえに、姓を省略して職名で「部長」とか「課長」とだけ呼び続けていると、相手を軽んじることにも通じます。必ず「高橋部長」「寺田課長」と呼び自分の好感度を上げるべきなのです。

POINT

親しい関係であれば、高橋さんや寺田さんを「タカさん」「テラぽん」などと呼ぶこともあるでしょう。しかし、距離感を違え、いきなり親しみを演出しようとしてこれを行えば、相手に拒絶感を与えます。正しく呼んだほうが好感度は高いのです。

19 呼ばれたら「すぐに反応」が
好感度アップに

「相手を尊重する人」か
「自分勝手な人」かがわかる

　人に名前を呼ばれても、すぐに返事をしない人がいます。忙しいと、つい億劫な気持ちが優先し、「えー、あーん、何すかー？」などと迷惑気な声で応答する人です。とても印象の悪い対応と言えるでしょう。こんな態度の人は、やがて疎んじられます。

　呼ばれた人へ即座に体の向きを変え、返事をするのは基本マナーです。相手を尊重するからこその反応だからなのです。

PART1

20 会話にはクッションフレーズで好感度アップを

いきなり用件を告げると「脅威」を与える

　唐突に「〇〇の件ですが、困ったことが起こりまして」などと口火を切る人がいますが、これは「脅威」を与える話し方です。相手に話を聞こうとする態勢を作らせないまま、一方的に攻勢をかけているからです。相手に話しかける時には、相手の準備が整うように「間合い」をとらなければいけません。急いでいるから、慌てているからといって、こんな物言いをすれば、相手を不快にさせるだけだからです。「〇〇さん、ちょっとよろしいでしょうか。〇〇の件なのですが…」といったん呼吸を置いて本題に入るのがマナーなのです。クッションフレーズが大事です。

POINT

　人間関係の基本は、相手に「脅威」を与えないようにすることが第一になります。「脅威」を与えてくる人は、潜在意識にその「イヤな感じ」が深く刻まれるからです。潜在意識に刻まれた記憶は沈潜し、やがて堆積し、「本能」を支配するからです。

21 「聞き上手」を目指して 好感度アップへ①

「相づち」がうまいと好印象

「あの人と話すと楽しい」「あの人は話がうまい」などと言われる人は、「話し上手」ではなく「聞き上手」であることが真相を物語っています。こういう人は、自分が2〜3割話して、相手に7〜8割話させているからです。相手に気持ちよく、より多くの話をさせるからこそ、相手は「楽しい」「話が盛り上がった」という印象を抱きます。実は「聞き上手」の人は、「相づちの達人」である場合が多いのです。当意即妙に「へー」「そうなんですか」「なるほど」「それでそれで？」「それは知りませんでしたね」「面白いなあ」「すごく勉強になります」などとやっています。

POINT

自分の話に熱心に耳を傾けられるとうれしくなります。「認められたい・ほめられたい」という承認欲求が満たされるからです。「相づち」の要諦は、相手の話への肯定です。「もっと聞きたい」という姿勢がメインゆえ、日頃から「相づちの練習」が大事です。

PART1
22 「聞き上手」を目指して好感度アップへ②

相手を「主人公」に見立てて話を引き出す

　相手が話す内容について、自分も詳しいとつい口を出しがちです。いつのまにか、自分のほうが多く喋っているという場面にもなりかねません。これを避けるためには、相手を主人公に見立てた質問をするとよいのです。「今朝は中央線がすごく混んでたよね」と相手から振られたら、「ホントホント、すごかったよねえ」と応じるよりも、「そうだよね。それできみはどうしてた？」という具合に、その場面の相手の気持ちや行動を尋ねます。すると「いやあ、何としても電車に乗りこまなきゃって、もう焦ったよ」などと記憶がよみがえり、主人公として語りだします。

POINT

「その時どう行動したの？」「それをどう思ったの？」「それはどんな感じ？」といった質問は、相手が主観的になれる質問です。客観的に話させるよりも、主観的に話したほうが、相手は快感に浸れます。素の感情がストレートに開放されるからです。

23 「すいません」「すみません」の言葉を封印する

「すみません」よりも「恐れ入ります」が折り目正しい

「すみません」や「すいません」をよく使う人がいます。ビジネスの現場では、呼びかけや謝罪でこの言葉を使う人は幼稚に見えるものです。呼びかけは「失礼します」「恐れ入ります」「恐縮です」「少しよろしいでしょうか」といった言葉で「間合い」を取るほうがスマートです。また、謝罪の時に「すみません」は軽すぎます。「申し訳ございません」が正しいマナーなのです。

PART1

24 言葉の変換をスムーズに
行うことが好印象に

ネガティブワードを回避する

　否定的な言葉や乱暴な言葉を使う人は品性を損ないます。たとえば、「馬鹿みたい」「貧乏くさい」「ぼろい」「ケチ臭い」「キツイ」「冷酷な」「やかましい」「下手くそ」「無神経」「品がない」……といったストレートで下品な言い回しです。言葉の霊性と言われる「言霊（ことだま）」の影響によって、その人自身の価値さえ下げるからです。そうした言葉は、「共感できない」「見栄えが今ひとつ」「粗野なつくり」「モノを大切にする」「厳（おごそ）かな」「リーズナブルな」「切れ味鋭い」「活気のある」「今一つの」「こだわりのなさ」「粗削りな」などの言葉に置き換えると聡明に聞こえるのです。

POINT

　否定的な言葉や乱暴な言葉は、粗野な印象を強めます。別の婉曲（えんきょく）な言い回しをしたほうが、その人を優雅に見せてくれます。
　上品な言葉はその人の教養の高さを象徴します。知性や理性を感じさせるボキャブラリーの豊富さがそのまま好印象なのです。

25 「ミラーリング効果」で 好印象を得る

鏡に映るように相手と 「同じ動作」が親近感を生む

「ミラーリング」という親近化手法があります。相手と対面で座った時に、相手がアイスコーヒーを注文したら、「私も」と同調します。相手がカップを持ち上げて飲んだら、こちらも鏡に映るようにカップを持ち上げて飲みます。相手が首の後ろを揉んだら、こちらも揉みます。ペンを持ったらこちらもペンを持ちます。このように相手の仕草をさり気なくマネていくのです。

　すると相手の無意識に、自分と相性のよい仲間のような錯覚が芽生え、いつのまにか安心感が育まれます。相思相愛の恋人同士を観察すると、たがいに無意識で行っているのがうかがえます。

POINT

　ミラーリングは、相手にわざとマネしていると気づかれると、かえって警戒心を抱かれます。あくまで自然に無意識に行っているようでなければなりません。「私もそう思います」「同感ですね」といった同調のセリフも言葉によるミラーリングです。

26 色彩効果で 好印象を演出する

色彩には独特の心理効果がはたらく

　警察官やガードマンは黒系の制服です。黒は威厳や強さをイメージさせます。体操着や運動靴は白系ゆえに清潔で軽快、爽やかな感じでしょう。黄色はやんちゃで幼いイメージ、ピンクはかわいい、青系は爽快感といった独特の印象を与えてくれます。

　こうした色味をうまく使うと自分のイメージも演出できます。幼く軽く見られがちな人は黒系のスーツをまとうと大人びて見えます。また、赤色をどこかに取り入れると、その人の魅力を引き立てる効果もよく知られています。

　一般に暖色系は気分を落ち着かせ、時間を長く感じさせます。寒色系は冷静かつ新鮮なイメージを与えます。

POINT

　米国の色彩心理学の実験では、各色のユニフォームを着た同じ女性の写真を男性に見せた時、赤色のユニフォームの時が一番魅力的に感じたと言います。また、レストランの実験においてもユニフォームが赤色の時が一番チップが多かったのでした。

27 「ギャップ効果」で イメージを好印象にする

ガラッと違う演出が 「存在価値」を再認識させる

　長い髪の女性が、ある日いきなりショートカットにすると、優雅な女性的イメージから軽快でポップな印象に変わります。

　人は何かのことでギャップを感じると目を見張り、存在感を再認識します。新たな印象に目を覚まされるのです。いつも元気で明るい人が、暗く落ちこんでいると「いったいどうした？」と気になるのと同じです。細身で脆弱（ぜいじゃく）そうな人から、「空手三段なんです」などと言われると、思わず見直してしまうのも「ギャップ効果」です。いつもと違う演出ひとつで、ふだんのイメージから脱却できるゆえんです。マイナスの印象をプラスにできます。

POINT

　デート中の女性が、外国人から道を尋ねられ、流暢な英語で応じるのを初めて見たら、連れの男性は驚くことでしょう。「英会話に堪能なんだ！」という新発見が「ギャップ効果」となって、女性の価値を再認識するからです。時々、新ネタで驚かせてあげましょう。

PART1
28 「とっさの奉仕行動」が
好印象に

誰も見ていなくても
「すぐに取りかかる」のが大事

　ゴミ箱がいっぱいになっているのを見たら、すぐにゴミ箱を空にするべく行動する。トイレの便器が汚れていたら、すぐにブラシと雑巾でキレイにする。誰の目を意識することもなく、こうした「捨て身」の奉仕行動がすぐにできる人は、人々に好印象を与えます。それは、「役割」でないことでも、「みんなのために」と行動する「公衆意識の高さ」が際立つからなのです。

「ハロー効果」と生涯収入の関係

「容姿がよい」と生涯収入も多くなる

　心理学では「ハロー効果」と呼ばれる現象が知られています。一部の際立った特徴が全体に及ぶ効果のことで、「ハロー（Halo）」とは「後光」を意味します。「美人は心も清く美しい」などと思わされたり（ポジティブ・ハロー効果）、「不良は性格も頭も悪い」などとイメージされることがあるでしょう（ネガティブ・ハロー効果）。

　美人の場合はそのまま見た目の「視覚的要素」ですが、不良の場合は、退廃・堕落といった「社会的要素」が関係しています。

　ここから明らかなように、ポジティブ・ハロー効果は、就活や転職の際にはとても有利にはたらきます。

　履歴書で一番インパクトを持つのは顔写真ゆえ、美人やイケメンは、「顔採用」という言葉もあるくらい得をします。

　韓国では大学卒業までに整形する人が多いのもうなずける理由なのです。履歴書では、続いて優秀な学歴や、大手有名企業に勤務していたという経歴なども「社会的要素」で「デキる人物」と思わせる効果が高いでしょう。

　ところで、テキサス大学のダニエル・S・ハマーメッシュ教授は、7500人の外見と生涯収入の関係を調べました（『美貌格差』東洋経済新報社 2015年刊）。それによると、外見が平

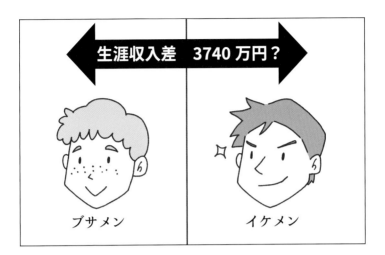

均より上の女性は、平均の女性より8%収入が多く、平均より下の女性は4%収入が少なく、美人と不美人の経済格差は12%にのぼるとしています。日本の大卒女性の生涯賃金は中央値で2億円程度ゆえに、美人と不美人の格差は2400万円もあることになるわけです。

　また、外見が平均より上の男性は平均の男性よりも4%収入が多く、平均より下の男性は、平均よりも13%も収入が少なかったといいます。イケメンとブサメンの経済格差は、なんと17%にもおよぶとしたのです。大卒男子の生涯賃金の中央値は2億2000万円程度なので3740万円もの差がつくことになります。もちろん、これは米国での調査ゆえ、そのまま日本に当てはまるものではありません。しかし、顔立ちや表情、身だしなみなど容姿の重要性は示唆してくれる結果になっています。

PART 2

本音も性格も秘密までも
まるわかりの
心理テクニック

20

顔の表情や動作で見抜く 「相手の感情」

顔への特徴的な仕草は万人に共通する

顔に関わる特徴的な仕草で相手の感情を見抜くことができます。「唇を手で触る」のは自己親密行動で、赤ちゃんのおしゃぶりと同じで安心したい時の動作です。「唇をペロッと舐める」のは興味が湧いた印です。「耳を触る」のは、困惑の時か関心がない時の仕草です。「眉間を指でつまむ」のはよく考えたいと思う時です。「額に手を当てる」のは、混乱した時や失敗した時などに現れる動作です。「アゴを上げる」のは自分に自信がある時です。「笑う時に片方の口角が上がる」のは軽蔑の気持ちが湧いています。「唇が真一文字になる」のは緊張や不満がある時の表情です。

POINT

顔への特徴的な仕草は、万人に共通の感情を表します。そのため、いくつかのパターンを覚えておくと相手の感情がわかります。気をつけたいのは、相手が興奮し、小鼻がよく動く時です。怒りが爆発寸前なので、話題を変えたほうが無難です。

PART2

30 仕草や動作で見抜く「本音の心」

何気ない仕草や動作に「本能」や「無意識」が現れる

「腕を組む」のは安心を得たい自己親密行動で不安や警戒心がある時です。「ジェスチャー入りで話す人」は説得・攻略したがっています。「だらんと手をおろし、背中が丸くなる人」は興味がない印です。「声を上げて笑う人」は目立ちたがり屋です。「あちこちに人差し指を立てる」動作は、苛立ちや敵意を内在させています。「一瞬で消える短い笑み」はフェイクです。「力強い握手」は優位に立ちたい時、「弱い握手」は関心の薄い時です。「アゴを引き上目遣い」なのは疑念を深めています。「時々、拳を握る人」は不満があり、「指を開き気味の人」は安心しています。

POINT

　手や腕などの仕草や動作と同時に注目したいのは、顔の表情です。目力が強くなったり、一瞬眉間にシワが寄る人は、敵意の内在か、騙されないよう警戒した表情です。また、軽い頷きの多い人は早く話をまとめたいか、退屈のサインでもあります。

31 テーブル下の「足の状態」で 読む「相手の本音」

「足」は「本能」に最も忠実で敏感な部位

　テーブルの下に隠れた相手の足の状態をこっそり覗くと、相手の「本音」が見て取れます。ピタリと両足の底を床につけて膝小僧がこちらに正対していれば、会話に前向きな時です。

　両足の先端をクロスさせ絡め合わせているのは、かなりリラックスしています。つま先を床に着き、踵（かかと）を浮かせるのは陽気な時です。両足の底が横向きになり、互いの足裏を向き合わせる形は退屈のサインです。片方または両足が床に着き、その先端が正面を向かず、どこかに向くのは話を早く終わらせたい時です。また、貧乏揺すりは何かのストレスを弛緩（しかん）させたい気持ちです。

POINT

　自転車がよろけてぶつかってきそうな時、とっさに動くのは足です。草むらでヘビを発見して飛びのくのも足が最初に反応します。足は「本能」に直結して反射神経を現す部位なのです。
　テーブル下に隠れていると安心した足に、本音が現れます。

PART2

32

テーブル上の「手の状態」で読む「相手の本音」

相手との「関係性」が如実に現れるのがテーブルの上

自分のカップやグラスを横にどかすのは心を許して相対したい心理で、どかさないのは警戒しています。両手の指を組み合わせて囲いを作ったり、二の腕やひじを掴むのは警戒しています。軽く丸めた手のひらをテーブルに置くのは前向きな心理ですが、太ももに置くのは慎重でありたいと思い、太ももを手でさするのは不安を鎮めています。小物をいじるのは退屈な心理です。

33 「口癖」でわかる
「相手の性格」①

無意識のセリフに
内面の心理状態が現れる

誰にでも口癖はあり、その口癖には性格が反映されます。

- 「でも・だけど・どうせ」…自己愛が強く他人に批判的性格。
- 「なるほど・たしかに」…共感したフリだけで頑固な性格。
- 「一般的には」…持論に普遍性を持たせたい優位願望気質。
- 「まあ…」…確たる考えがなく、自分に自信のないタイプ。
- 「すごいね」…適当に話を合わせたいだけのお調子者気質。
- 「かわいい」…自分もかわいいと思われたい願望が強い性格。
- 「要するに」…せっかちで、まとめて仕切るのが好きな性格。
- 「とりあえず」…他人と衝突したくない妥協的な平和主義者。

POINT

　口癖は、言葉の本来の意味から離れて、本人がこうなりたいという願望だけが遊離され、使われるケースが多くなります。自分では「本来の意味」で使っていても、実際には言動だけが浮いてしまっています。逆に解釈すれば本心も見えてきます。

PART2

34 「口癖」でわかる 「相手の性格」②

意図的に直さないと 周囲に悪印象を植え付ける

他人を排除したい気持ちが込められた口癖は、嫌われます。

- 「っていうか」…他人を否定し自分を押し通す我儘(わがまま)タイプ。
- 「だからさ」…他人より優位な自分を主張したい自己中心型。
- 「違うよ」…言下に否定して主導権を握りたい権威誇示(こじ)型
- 「お前ってさー」…上から目線で説教したい自惚(うぬぼ)れ型気質。
- 「バカじゃないの」…他人を愚弄(ぐろう)し優位を保ちたい高慢気質。
- 「何言ってんだよ」…自分の意見や考えを押し通す頑固型。
- 「わかってんの」…自分より相手が劣っているとする優越型。
- 「やっぱりな」…他人の失敗を予言していたような傲慢(ごうまん)気質。

POINT

　他人を傷つける口癖ほど厄介なセリフはありません。常に誰かの承認欲求を否定し続ける口調だからです。こんな口癖を振りまいていると人格を下げるだけでなく、周囲に人が寄りつかなくなります。無意識に口にしていないかチェックが必要です。

35 「口癖」でわかる「相手の性格」③

無意識のセリフに「脳」は影響を受ける

　誰にでも口癖がありますが、とりわけよくないのがネガティブな口癖です。「あーつまんねえー」「ツイてねえ」「こん畜生め」「ちぇっ、面白くない」「バカみたい」…といった、こんな口癖がよく出る人がいるものです。こういう人は口癖に見合った人生を歩みがちになります。それゆえ、あまり近づかないほうが賢明です。「脳」は自分の発した言葉を潜在意識に蓄積していきます。「つまらない」と口にするほど、つまらない思考を続けようとするからです。暗示がかかってつまらないことばかりに傾倒してしまうからで、ハッピーな思考ができなくなります。

> **POINT**
>
> 　日本では昔から言葉には「言霊」という霊性が宿ると伝えられてきました。欧米にも「アファメーション（肯定的暗示）」という潜在意識にはたらきかける手法があります。「自分にはできる」「成功が近い」と唱え続けると脳が肯定的に覚醒するのです。

PART2

36 相手の「ウソ」か「ホント」を見極める①

ウソをついている時の「特徴的な身体変化」

※女性の場合は、無言になったり、凝視したりなど女性特有現象も生じます。

「それってウソじゃないの？」などと指摘すると、ウソをついている人は「早口になる」「まばたきの回数が増える」「興味がない風を装う」「目が泳ぐ」「話題を変えようとする」「手や顔が汗ばむ」「言い間違いをする」「文法がおかしくなる」「落ち着きのない動作になる」「ウソじゃないよと怒って強弁する」「凝視してくる（女性特有）」などの緊張による身体変化が起きます。

37 相手の「ウソ」か「ホント」を見極める②

「視線」が右か左に動くかで「ウソ」が判明

「ウソ」を確認する時は「アイ・アクセシング・キュー」を使いましょう。相手の脳が「視覚」「聴覚」「体感覚」の部分にアクセスする時、視線が動きます。視線が上向きは「視覚」、水平が「聴覚」、下向きが「体感覚」です。そのうえ、この視線が人によって右か左のどちらかに動くので、未知のことを想像しているのか、過去の記憶を遡っているのかを知ることができます。あらかじめ、「次の休日は何する？」と未知のことを尋ねたり、「入社は何年前？」と過去を尋ね、その人の視線が左右どちらに動くか確認しておきます。「ウソ」をつく時は視線が未知の方向に動きます。

POINT

「アイ・アクセシング・キュー」は米国の言語学者ジョン・グリンダーと心理セラピストのリチャード・バンドラーが神経言語プログラミング（NLP）の中で提唱して広まった「視線解析」の手法です。心理分析や犯罪捜査でも活用されています。

38 相手の「ウソ」か「ホント」を見極める③

「ウソの疑惑」を乗り切った時に現れる身体変化

　相手の話にウソが多く含まれているかどうかを、後から確認する方法もあります。相手が話した内容に「それ、ホントなの？」などの疑いが強い場合、話を終えた相手の態度を観察します。

　人はウソがバレそうな時は緊張し、バレなかった後には急速に安堵感を示します。その時の特徴的な身体変化が次の4つです。

- 「口元に手をやる」…迂闊な発言がなかったかの不安な心理。
- 「首元や胸に手をやる」…危機をやり過ごしホッとした仕草。
- 「唇を舐める」…緊張による咽喉の渇きが気になる時の反応。
- 「口角の片側が上がる」…騙し通した達成感からの軽蔑心理。

POINT

　本当のことを告げている場合には、「ホントなの？　ウソじゃないよね？」などと疑われても、特に動揺しません。どう説明しようかなどと考え始めますが、ウソの時は早口になり、目が泳いで慌てるのです。沈黙して突っこまれるのが怖いからです。

39 相手の「ウソ」か「ホント」を見極める④

「証拠がある」ことを示し、カマをかけてみる

「ウソ」をついているな…と相手に疑念を持った時には、「ウソの証拠がある」ように装うことです。それを告げた瞬間の相手の反応も見ものだからです。切り札の証拠を匂わせただけでも、その場でウソの自白に追いこむことも可能になるでしょう。たとえば「見た人がいます」などの第三者の目撃や、「これからその事実を確認していい?」などと伝えるだけでも相手を揺さぶれます。

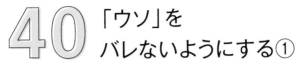

PART2
「ウソ」を
バレないようにする①

「ウソ」は練習することで
技術は飛躍的に向上

「ウソ」がバレるのは、その場しのぎに「ウソ」をつくからです。ゆえに話の途中で、「ウソだろ？」などと指摘されただけで、「バレたか…」と焦るのです。すると、沈黙して突っこまれたくないため早口で話します。それで「や、俺は、あの…、だから、その…」などとつっかえる羽目にもなるわけです。

「ウソ」をバレなくするためには、事前にしっかりと「ウソ」のシミュレーションをしておくことです。こう問われれば、こう答えるという具合に、あらかじめ想定問答に通じておけば、焦ることなく、落ち着いて受け答えでき、信憑性が増すのです。

POINT

　「ウソ」をつく時に大事なのは、相手の顔を見て話すようにすることです。どんなに事前シミュレーションを行っていても、真面目な人は、罪悪感から相手の顔をまともに見ようとしなくなるからです。ゆえに誠実な人ほど「ウソ」が苦手になります。

41 「ウソ」を
バレないようにする②

「間接的証拠」を突きつけられても
徹頭徹尾シラを切る

「証拠」を突きつけられた場合でも、「決定的証拠」でない「間接的証拠」の場合は、シラを切り通すことです。たとえば、「財布に入ってたラブホテルのこのライターは何？」と聞かれたら、「それは新商品撮影をラブホで行ったからだ」と答えます。「この避妊具は何？」と聞かれたら、「それはパーティーでのビンゴの景品だ」と言い張ります。「なんでやたらと新しい下着ばかり買うの？」と聞かれたら、「加齢臭が気になるからだ」と答えます。「浮気してるんじゃないの？」と聞かれたら、「俺がモテると思ってくれてるのはうれしいな」とシレッとして答えることです。

POINT

「間接的証拠」が現れた時に備えて、「露見した場合の言い訳」をあらかじめ考えておくことです。「突飛な言い訳」や「無理クリの言い訳」でも堂々と押し通し、「疑うなら会社の同僚の山田が全部証言してくれるよ」などと宣告すれば雲散霧消します。

PART2

42 「秘密」や「本音」を
話させる「聞き方」①

「未知」のことより「過去」を尋ねる

「どんな車をご希望ですか？」と「未知」のことを漠然と尋ねて
も「うーん、いろいろ考えてるけど…」とお客さんは口ごもりま
す。こんな時は、「今ご利用の車でご不便に思うことは？」と「過
去の経験」を尋ねます。すると「車内が狭くて」とか「燃費が悪
くて」などと本音が見えてきます。「未知」のことより、「過去」
を尋ねると容易に答えられるので本音が出やすいからです。「ど
んな男が好き？」と尋ねても「優しい人」としか答えない女性も
「今まででイヤだなと思った男のタイプは？」と聞けば「お金に
ルーズな人」「浮気する人」などと答えてくれます。

POINT

　「食べ物は何が好き？」「何料理が食べたい？」と尋ねても、「うー
ん、そうね…」となりがちです。「今までで一番うまいと思った
食べ物は？」とか「おいしかった料理は？」と過去の経験を聞
けば「フグちり」とか「しゃぶしゃぶ」などと本音が出ます。

43 「秘密」や「本音」を話させる「聞き方」②

「別の話題」のように思わせる

　話題が「自分の話したくない事」におよべば、相手は言葉を濁します。「僕の年収？そのへんはちょっと…」などと言いよどむのです。そこで「いいじゃん、教えてよ」などと正面から迫ると、相手は拒否します。かえって口を固く閉じさせるのです。

　そんな時には、「たとえばの話ですが、お宅の会社の平均年収って800万近いですよね？」などと、一般論のようにして尋ねるとよいのです。「それは昔の話だね。いまは600万がいいとこだね」などと概要がわかるからです。「たとえばの話」「仮の話」と振るだけで「別の話」のように錯覚して口が緩むのです。

> **POINT**
>
> 　一見「別の話」を装うことが大事です。「仮の話、きみぐらいの美人なら、10人以上と付き合った経験があるのは当然だよね？」と尋ねると、「そんなに多くないわ。5人ぐらいよ」などと本音をこぼすでしょう。自分の秘密も世間話になるからです。

PART2

「秘密」や「本音」を
話させる「聞き方」③

2択で尋ねてどちらかを選択させる

選択肢が多いと選択をしなくなります。高級スーパーでジャムを6種類並べた時と比べ、24種類並べた時は売り上げが10分の1に減ったのです。
（コロンビア大学 シーナ・アイエンガー教授の実験）

うわー 大変な種類！

だから、2択にする！
・国産と外国産は？
・甘いのとすっぱいのは？
・1,000円以上と1,000円以下は？
・果物系か野菜系だと？
・柑橘系かそれ以外だと？

選択肢が多すぎると "不幸になる" というのが『選択のパラドクス』です。

・選ぶのが大変！
　（疲労と無力感）
・結果が心配！
　（疑念と後悔）
・どれも似ている！
　（期待値の低下）

納得!!

　相手の「好き・嫌い」をストレートに尋ねても、曖昧な返事しか返ってこない時があります。そんな時は、2択を提示して、「どっちがいい？」と選ばせると便利です。「どんなカーテンをお求めですか？」と尋ねても、「わーいっぱいあって迷うなー」という場面では、「暖色系と寒色系でお好きなのは？」「柄はシンプルと凝ったのではどちら？」と本音を絞りこんでいけます。

PART2

「秘密」や「本音」を
話させる「聞き方」④

わざと「間違った情報」をぶつける

　真面目な人は、誤った情報に接すると、誤解を解き、訂正して
おきたいと考えるのが普通です。「この製品は、東南アジア製の
粗悪な激安部品を組み込んで、原価率は1割にも満たない安物
だって聞いたけど、本当なの？」などと尋ねれば、「とんでもない。
部品の多くは日本製だし、組み立てがアジアでも原価率は35％
ぐらいは最低でもかかっていますよ」などと、秘密を打ち明けて
くれます。見当違いの情報をぶつけられると、つい訂正しておか
なくては——という使命感から、本音や秘密を漏らしてくれるの
です。悪い噂や悪評はぶつけてみるものです。

POINT

　飛びぬけて「よい情報」の場合でも同様のことが起きます。「専
務は東大をご卒業後に米国に留学されたとかで超エリートです
ね」などと振った場合でも、「え？とんでもない。僕はただの高
卒入社組で会社の創立メンバーなだけだよ」などとなります。

「秘密」や「本音」を
話させる「聞き方」⑤

相手の「本音」を正当化してやると
白状してくれる

　人は自分の話を否定されたり、疑われたりすると不快です。そのため、最初は信じろよと躍起になって抗弁してきます。たとえば、「きみが今の彼女と付き合ってるのは、彼女の実家の金目当てだろ？」などと尋ねると、「なわけないだろ。ふざけたことを言うなよ」などと怒りだします。そこで「だって彼女は、きみの好みのタイプじゃないし、俺だったら金目当てじゃないと到底付き合わない女だよ」などと続けると、「金目当てが正当化された」ように感じます。すると、「まあ、オレもまったくそうじゃないとは否定しないけどね」などと、本音がこぼれ落ちます。

POINT

　相手の本音を正当化してやると同類意識が芽生え、本音を吐露しやすくなります。「彼を外したのは嫌いだからだろ？」と問えば、「いや、不適任だからさ」などと普通は答えます。「嫌いな奴は外して正解さ」と伝えると「ま、そだね」となります。

47 「秘密」や「本音」を話させる「聞き方」⑥

「ここだけの話」と先に秘密を開示して本音を引き出す

実は、ここだけのトホホな話ですが、FX投資で一晩に300万円を一瞬で溶かしちゃって、カミさんを大激怒させたことがありますよ……。

ガハハ

うひゃー

そうでしたか、実は私も…株式投資の空売りで失敗して500万円の追証くらったことがありまして…タハハ

返報性

※「投資の大失敗」という恥ずかしい経験がお互いの「共通項」となって、仲良くなれたりします。

「ここだけの話だけど…」と聞かされると興味津々です。「実は俺、由美ちゃんと昔付き合ってたけど、きみは今アプローチ中だったよね?」などと問うと、「え、そうなの?　告ったけど…やめようかな」などと白状してくれます。先に「秘密」を伝える自己開示によって、お返しの気持ちがはたらくからです(返報性の原理)。実は「秘密」がダミー(ウソ)でも効果があります。

PART2

「秘密」や「本音」を
話させる「聞き方」⑦

第三者の例を挙げて
「説明」「解釈」を求める

　他人の行動に、相手の「論理」や「考え」を見立てさせる「投影」という心理手法を使えば、相手の本音を覗くことができます。いつまで経っても彼氏から「結婚しよう」と言ってもらえない女性は、彼氏にたとえ話を振ってみるとよいのです。「うちの会社に何年も付き合っている40歳近い独身カップルがいるのだけど、なんで2人は結婚しないと思う？」などと尋ねます。すると「男の親が、女の年齢が高くて反対なのかもね」とか「ただのセフレ関係なのさ」「女に魅力がないのさ」「男に経済的な自信がないのさ」などと、彼氏自身の本音が投影され、透けて見えてくるからです。

> **POINT**
>
> 　他人の行動を推量する場合でも、基準は自分になるものです。自分の「論理」や「考え」が相手にも反映されるからです。実際は、ただの当て推量にすぎませんが、他人を評させることで、本人の本音もこぼれ落ちやすいわけです。思考を推測できます。

「詐欺被害」に遭う人の心理

「自分は大丈夫」の心理が招く心のスキ

「詐欺」もいろいろです。「結婚詐欺」「投資詐欺」「情報商材詐欺」「ネズミ講」「地面師」「催眠商法」「霊感商法」「送り付け商法」「訪問詐欺（屋根修理・シロアリ駆除…）」などの他、近年激増しているのが「特殊詐欺」と呼ばれる「オレオレ」「振り込め」「融資保証金」「架空請求」「還付金」「金融商品取引」などの詐欺です。こうした「特殊詐欺」は、電話などを使い、対面することなく不特定多数の人を騙して現金を振り込ませたり、受け取りに行くなどの詐欺になります。高齢の被害者が多いのが特徴で2018年警察の認知件数は1万6493件、被害総額は356億円におよびました。

　ところで、あらゆる詐欺には、被害者を信用させるためのさまざまな心理トリックが用いられているものです。

　有名なのが「正常性バイアス」です。マスメディアの詐欺報道に接しても、「こんな詐欺に騙される人がいるなんてバカだなぁ」などと思いこむ大多数の人たちがそうなのです。「まさか自分は、そんな詐欺には引っかからない」という思いこみで、これが判断を誤らせます。もう1つは「確証バイアス」で、先入観に基づいた自分の都合のよい情報で判断するなどで騙されます。「儲け話に、こりゃ自分はラッキーだな」などと飛びつ

く心理です。「そんなに儲かるなら自分1人でやってなさいよ」とはならないのです。

　人には、こうした思考の偏りがあるため、辻褄が合い納得のいく情報だと信用します。そこにさらに切迫した不安や恐怖の感情が混じるとパニック心理で冷静な判断力が失われます。

　たとえば、「税金の還付金が○○万円あるが、手続きは午後3時まで」などと言われると「期間限定」で焦らされます。また、犯人が息子を騙り、泣きながら電話してきて、「痴漢行為で駅事務所にいる。すぐに示談にしないと警察に逮捕される」といった身内の急迫した危機に遭遇するとパニックに陥ります。自分の息子かどうかの確認すら怠ってしまうのです。こうした被害者の心理につけこみ、犯人は巧みなストーリ展開を複数人で演じて騙します。いつでも自分を、冷静に客観視できないと危ないわけです。

PART 3

ビジネスで勝てる
スマート
心理テクニック

42

PART3

49 面接で「短所」を 聞かれた時の賢い対処法

NGパターンに通じ 「フォロー策」を後に提示

　面接で「あなたの短所や弱点は何ですか？」と面接官から聞かれることがあります。こんな場面で言いよどんだり、「短所はないと思います」などと答えるのはNGです。自分を客観視できていない人間に思われるからです。ただし、「短気です」「自己チューです」といった業務に支障をきたしかねない致命的欠陥を正直に答えるのもはばかられます。こんな時には「結論を急ぐ面があるので、常に慎重に物事を見直す努力をしています」などと弱点を認め、後にフォロー面を伝えることが大事です。すると「素直な努力家」の印象が残せるからです（系列位置効果）。

POINT

　面接で「学業成績が悪いね」と指摘されたら、「成績は悪いですが、アジアの途上国を巡り、貧困脱却の方法を考えていました」などとプラス面を後に答えることです。「何が脱却に必要？」と聞かれたら、「まずは初等教育の充実です」などと答えます。

PART3

50 どうしても通したい企画を 上司に承認させる

相手のマインドを変化させる 「複数選択肢」の提示

　優柔不断で決断せず承認を渋る上司に、どうしても通したい企画やアイデアがあった時には、どうしたらよいでしょうか。そんな時にはダミーの企画をもう1つ作り「A案とB案のどちらがよいでしょうか？」と2つの選択肢で問いかけます。これで「企画を承認する・しない」のマインドが消え、「2つの企画からどちらか1つを選ぶ」というマインドに変化させられます。

「どちらがよいか」の選択肢は、すでに「選ぶこと」が前提になります。これは「承認する・しない」を決める上司にとっては誤った前提ゆえに「誤前提暗示」と呼ばれる手法になります。

POINT

　同僚と昼ごはんに行く時に、「きみは焼き肉と回転寿司だったら、どっちがいい？」などと呼びかけ、「俺は焼肉がいいかな」などと答えさせ、ちゃっかり誘導する人もいるものです。急に問われると中華や洋食といった他の選択肢が排除されます。

51 交渉を有利にすすめる 心理テクニック①

4つの要諦を押さえれば 「優位」に立てる

　交渉を有利にすすめるには、4つのポイントが大事です。1つ目は「アウェイ」でなく「ホーム」で行うことです。環境に慣れず、相手にアドバンテージがある場所では余裕が生まれず緊張するからです。「ホーム」だからこそ、安心できます。2つ目は「先に条件提示」です。それがアンカー（船の碇）となり、そこからのディール（取引）になるからです（アンカーリング効果）。そして3つ目は「限界値（妥協できる水準値と期限の限界日）を示さない」ことです。足元を見られるからです。4つ目は相手もトクと思えるウィンウィンの明るい未来を提示してあげます。

POINT

　相手が「5%ではマージンが低すぎる」などとこだわる時には、「今はそうです。しかし、1年〜2年後は数量も大きく伸びて、5%なら途方もなく大きな金額になりますよ」などと視点を未来にずらして、将来有望なディールと思わせることです。

PART3
52 交渉を有利にすすめる
心理テクニック②

いったん断ってから
「今回だけは特別に」で好印象に

　交渉事はスムーズに運ぶよりも、多少の山や谷があるほうが、妥結に向けての「期待感」も膨らみます。相手からの要求に妥協を重ねるばかりでは、次回の交渉時に足元を見られかねないからです。「それはちょっと難しいです」などと、いったん断ったのち、「でもまあ、今回に限っては」とか「〇〇さんなので特別に」など、「異例のケース」としてOKすると好印象になります。

53 交渉を有利にすすめる 心理テクニック③

その場限りの交渉事なら使える 「ちゃぶ台返し」のワザ

　不動産取引などではドタンバでの裏ワザがあります。いざ契約書に署名・押印という段階で「やはり、あと50万円値引きしてくれないと契約できません」などと買い手が伝えます。売り手を怒らせますが、今までの長い交渉の苦労を考えると、つい妥協しがちになります。数千万～億円単位の巨額の取引になると50万円ぐらいの値引きは仕方がないようにも思えるからです。これまでの時間・労力・費用が「サンクコスト（埋没費用）」の呪縛となって心揺さぶられるのです。また新たにゼロから取引相手を探すのも億劫ゆえに妥協しがちになるのです（サンクコスト効果）。

POINT

　昔、英仏が共同開発した超音速旅客機コンコルドは、開発途上で衝撃波問題や運航コストが見合わないと判明しましたが、今までの開発費が惜しくて完成・就航させます。しかし、ほどなく就航は中止されたので、「コンコルド効果」とも呼ばれます。

PART3

交渉を有利にすすめる
心理テクニック④

相手のタイプを見極めて
「言葉」を選んで誘導

　交渉相手にも2通りの傾向が見られます。「目的志向型」と「問題回避型」です。前者は目的を達成することに向けての意欲が高く、多少のリスクやトラブルは恐れません。後者はリスクやトラブルを嫌います。交渉で前者のタイプだと思えたら、「○○が達成できるようになります」とか「こんなことが実現できます」などの「獲得項目」を多く提示すると乗り気になります。

　反対に後者のタイプなら、「こんなトラブルが避けられます」「○○の問題が解決できます」などの「回避項目」を多く提示すると安心します。同じことを伝えるのでも工夫が大事です。

POINT

　相手の使う言葉を注意深く聞けば、「目的志向型」か「問題回避型」かはすぐわかります。「目的志向型」は、「心配・懸念」といった言葉はほぼ使いません。

55 交渉を有利にすすめる 心理テクニック⑤

お願いを「する側」から「される側」に回る

　交渉事は対等の関係だったはずが、いつの間にか「お願いする側」と「お願いされる側」の立場に分かれていたりします。「お願いする側」は弱い立場です。ゆえに強い立場の「お願いされる側」に回ったほうが主導権を握れます。そのためには相手を引っ張るエサを少々まくことです。たとえば、「特別に1年間無償修理の保証をお付けしますよ」などと伝え、「えっ、たったの1年間ですか？お願いですから3年間にしてくださいよ」などと言わせます。こちらは「普通は有償なんですけどねぇ」などと応じ、このあとは有利な駆け引きができます。

POINT

　好条件が少しだと欲望が喚起されます。「もっとよい条件を引き出したい」と相手に思わせれば、「お願いする側」から「お願いされる側」に回れます。相手に食いつかせれば、あとはどこまで譲歩して妥結するかの勝負ゆえ、交渉が有利に運びます。

PART3

56

交渉を有利にすすめる
心理テクニック⑥

「社会的証明」があると説得されやすい

　客観的信用が説得力を増します。「大手企業の7割で導入されたソフト」「10年間、人気ベスト3の実績」などのセリフは、「みんなが使っている」という「社会的証明」があり安心です。書籍広告などに「10万部突破！」とあれば目を引きます。これが「バンドワゴン効果」です。バンドワゴンは楽隊車のことで、音を鳴らして隊列を先導する役割なのでこう呼ばれます。

57 交渉を有利にすすめる
心理テクニック⑦

「権威」をまとうと「優位」に立てる

「何かのお墨付き」や「特殊な存在」といった「権威」をよりどころにされると、後光がさして見えます。「特別感」が演出されるからです。「これはNASAが開発した宇宙科学技術の応用で…」「最先端の脳科学の知見を結集した…」「ノーベル化学賞を受賞された〇〇教授の研究開発がここに生かされて…」などと伝えるだけで威光が放たれるのです。たとえハッタリで大げさじゃないかと、失笑を買った場合でも、「たしかに、そんなところもあるかも…」などと記憶に残ります。「権威」に接すると、無意識のうちにも霊験あらたかな気もしてくるからなのです。

POINT

交渉相手に「権威」が効果的なのは、提供する製品やサービスに限りません。名刺に自分の取得資格を刷りこむだけでも、相手への影響力は発揮できます。「私は大学院で専門的に学びまして…」などと挿入するのでも、オトクな発言になるでしょう。

PART3

58 交渉を有利にすすめる 心理テクニック⑧

「第1位！」「優勝！」 「ナンバーワン！」が効く

　ケーキ屋さんのショーケースで「当店売上ナンバーワン！」の プレートが付いた商品には、自然と目が行きます。「〇〇コンクー ル優勝！（〇〇部門）」などでもそうです。注目度が俄然違って きます。たとえ「日本一！」や「世界一！」でなくても、地域や 範囲を限定しての「第1位！」「ナンバーワン！」を自社商品やサー ビスに探しておけば、アピール効果満点で交渉も格段に有利にな ります。書籍広告などでも、「アマゾン第1位！」とあれば思わず 目を引きますが、よく見ると小さく「マーケティング部門」「〇 月×日」などと限定条件が付記されているのです。

POINT

　「人気がある」「売れている」という社会的証明は、同じものを 選べば、「失敗がなくて安心」できるために「バンドワゴン効果」 をもたらします。「第1位！」「優勝！」などの言葉は、それらの 中の「最先頭」を想起させるためアピール力が強まるのです。

交渉を有利にすすめる
心理テクニック⑨

「喪失感」を刺激されると心が動く

「ご希望の商品は、あいにく売り切れで入荷待ちだったのですが、倉庫に1つだけ在庫がありましたよ」などと告げられるとうれしくなります。ネガティブに傾いた気分が、その予想に反し、再出現で商品の希少価値を高めたからです。喪失感を刺激されたあとの「登場」は獲得意欲をかき立てられるのです。「なかなか手に入りませんでしたが、お客様のために手を尽くし、特別にご用意させていただきました」などと言われると価値が高まります。「最後の1つです」という言葉でも、喪失感を刺激されるので同じ効果を発揮します（ロストゲイン効果）。

POINT

人はどこにでもあるモノと思えば、価値を見出しません。汎用品でなく、希少品だからこそ価値を持つのです。交渉相手に少しでも価値を感じてほしい時には、「売り切れ」「品薄」「なかなか手に入らない」「在庫僅少」などの言葉を添えることです。

60 交渉を有利にすすめる 心理テクニック⑩

「数字」を使ったリフレーミング

　数字は便利で説得力があります。「失敗の確率が2割あります」では見向きもされませんが、「8割の方が成功しています」と聞けば、「なんだかイケそう」となります。「思考の枠組み」は数字を使って容易に変換できます。前年にたった10台しか売れなかった製品でも、今年12台売れていれば「すでに前年比20％アップの好調な売れ行きです」と言い換えられます。

相手の「怒り」を鎮める方法①

はじめに「怒らない」と約束させる

　自分に都合の悪そうな話に思うと、話の途中ですぐに怒りだす人がいます。「なんだよ。それおかしいだろ！」とか「待てよ、なんでそうなるんだよ！」などと感情を高ぶらせ、落ち着いて話を最後まで聞こうとしない人です。こんな人に話をする時には、最初に牽制球を投げておくことです。「これから大事な話をしたいけど、きみはすぐに興奮して怒りだすから、ホントは話したくないんだよな」などと枕を振ります。これだけで相手は「わかったよ、怒らないから話せよ」と約束するはずです。途中で怒りだしたら、「ほら、怒った！」と再び牽制すれば鎮まります。

POINT

　「理性的でない」と他人から指摘されるのは恥ずかしいことです。「怒り」を封印する約束を取り付けておき、途中で怒りだしたら、「ほら、怒った！もう話さないぞ」と会話も中断すれば、相手もバツが悪くなり、「すまん、続けてよ」となるはずです。

PART3
62 相手の「怒り」を鎮める方法②

悪い「想像」を膨らませてから
自分のミスを告げる

　自分のミスを報告し、上司が怒りだすと思える時は、2段階で報告することです。まずは内容を伝えずに、青い顔で「課長、ひどいミスをしてしまいました。後ほどご報告いたします」などと告げ、いったんその場を逃れるのです。すると、上司は頭の中で、「まさか得意先との取引中止とかじゃないだろな…」などと、どんどん悪い方向での想像を膨らませるからです。少し時間をおいてから「実は発注ミスで先方に部品の到着が遅れ、大変迷惑をかけました」などと神妙に報告すれば、「なんだ、その程度か」と思われて拍子抜けし、案外怒らせないものです。

POINT

　あくまで重大ミスを神妙に報告するスタンスが肝になります。結果的には上司のイメージからは、「小さな失敗」に見えるものの、部下としては「大きな失敗」で反省しているという姿勢が大事だからです。ミスとか失敗とだけ伝えると人は悪い想像をするのです。

63 相手の「怒り」を鎮める方法③

不幸な出来事に見舞われた人は「気の毒」に思える

　人が怒るのは、目の前の状況が、自分が想定する「あるべき状況」にないことが原因です。その状況が人を不安にさせ、苛立たせるのです。「怒り」の根底には、生存本能が脅威を感じる恐怖が隠されています。こんな相手の怒りを軽減するのに有効なのは、はじめに不幸な状況から伝えることが大事です。「申し訳ございません。実は昨日、自宅が泥棒の被害に遭い、部屋が荒らされ、警察が来たりで大変でした。そのため、うっかりして今日お伺いするお約束を失念してしまい、誠に申し訳ございません」などと伝えます。すると非難するのも忘れ、同情してくれます。

POINT

　悲しい出来事や不幸な事態に相手が遭遇したとわかると、人は同情します。すると、相手の犯したミスや失敗を許す気持ちに傾きます。すでに相手が十分なペナルティを負っているような錯覚にも陥るからです。

PART3

64 相手の「怒り」を鎮める方法④

「不可抗力の言い訳」は後に付け足す

「電車が遅れたので、遅くなりました」と遅刻の言い訳をする人がいますが、冒頭から「不可抗力の言い訳」をすると、自分に非はないとする態度が傲慢に見え、相手を不快にさせます。「お待たせして申し訳ございません」と謝罪してから、「30分早く出たつもりでしたが、人身事故の影響で電車が止まってしまい…」などと遠慮しつつ、後付けで理由を告げるべきなのです。

相手の「怒り」を鎮める方法⑤

正直すぎると「信用失墜」の リスクが高まる

　会社に遅刻して、正直に「寝坊しました」と謝罪する人もいますが、記憶の薄れないうちに、頻繁にこれを繰り返すと上司は怒ります。自己管理ができない「社会人失格の人」と見なされるからです。ゆえに「寝坊」という言い訳は一度でも使うと致命傷になりかねません。遅刻がちの人は、悪習慣を改めるべきですが、遅刻してもできるだけ「怒り」を買わない方法を模索すべきです。遅刻しそうな時は、「体調不良」などの不可抗力の理由を用い、あらかじめ電話で遅刻時間を多めに告げましょう。予定より早く着けば、「悪い状況」が早く解消し、相手はホッとさせられるからです。

POINT

　遅れる時間を「ほんの5分」などと軽めに伝えておいて15分も遅れると、二度遅刻したことになります。また、約束の時刻より待たされるほど、相手への「従属の心理」がはたらくため、人は不快になります。本来の「あるべき状況でない」からです。

PART3

66 相手の「怒り」を鎮める方法⑥

「感謝の言葉」で積極的に
相手の承認欲求を満たす

　怒る相手に、「申し訳ございません」「お怒りはごもっともです」
「今後は重々気をつけますので、どうかお許しを」「心から反省し
ています」などと詫びても、相手の「怒り」が一向に鎮静化しな
い場合があります。とりわけ相手が侮辱されたと感じた時などは
特にそうなります。ずっと委縮して「お詫び」を続けても効果が
薄い時には、「感謝」の言葉を挿入すると、うまくいきます。「お
叱りをいただき、ありがとうございます」などの言葉を随時取り
入れるとよいのです。感謝の言葉は自尊心をくすぐります。お礼
を言われると、続けて怒れなくなるからです。

POINT

　P.19でも紹介の通り、怒って注意した相手に「教えてくれて
ありがとう」と言えば、相手の承認欲求も満たし、怒りも中和
されます。「怒り」の正体は潜在意識に根付く「恐怖」の感情ゆ
えに、感謝の言葉で「安心」を与えれば「恐怖」は和らぐのです。

67 自分の要求をうまく相手に 通させるワザ①

受け取りやすいボールを差し出せば 掴んでしまう

　目の前に好条件があるとつい受け入れてしまいます。自分の要求を通したい時には、最初に好条件を持ちかけましょう。「アルコール・ドリンク全種類が1杯100円！」という看板を見ると、「おっ、今日はこの店に行くか」などとなります。店に入るとフード料金が少々高めでも「ま、仕方ない」となります。受け取りやすい球を受け取る「ローボール・テクニック」だからです。

PART3

自分の要求をうまく相手に通させるワザ②

「小さな頼みごと」を重ねていけば断りにくい

「これ、20枚コピー取ってくれる？」と頼めば「いいよ」と引き受けてもらえます。コピー後に「悪いけど、それ三つ折りにしてくれる？」と追加で頼んでもOKしてくれます。三つ折りが終わって「それ、封筒に入れて、閉じてくれる？」と頼めば「いいよ」と引き受けてくれるでしょう。最後に「この宛名シールと切手も貼ってくれる？」と伝えれば、これも承諾し、結局全部お任せできてしまいます。小さな頼み事にOKすると次の依頼もOKするのは「一貫性の原理」によるものです。最初に承諾すると次の少し大きな要求も通ってしまいます（段階的依頼法）。

POINT

　小さな要求だと断らないのは断ることがストレスだからです。「イエス」と承諾すると、人はその姿勢を一貫したいと無意識に思います。そのため、次の少し大きな要求でも承諾します。最初に「ノー」と言わせた場合には同様に「ノー」となります。

自分の要求をうまく相手に
通させるワザ③

「過大すぎる要求」は断られる

「給料日まで10万円貸してくれない?」と同僚に頼むと、「10万円?俺だって金ないよ」と断られます。そこで「そうかー困ったな…」などとガックリして見せ、すぐに「じゃあさ、3万円でいいから貸してよ」と頼むと、「3万円か、まあそれぐらいなら何とかできるかな」と要求に応じてくれるでしょう。最初から3万円を頼むと断られる可能性大ですが、最初にダミーで10万円という過大な要求をし、ガックリ落ちこんでから3万円を頼むと要求が通りやすくなるのです。要求を断った罪悪感と、金額を譲歩されたので同僚も譲歩したわけです(譲歩的依頼法)。

> **POINT**
>
> 　相手が譲歩したから、自分も譲歩しないと悪いなと思い、つい相手の2番目の要求を受け入れてしまうのは、「返報性の原理」と呼ばれる心理作用によるものです。プレゼントをもらったり、もてなしを受けるとお返しをしたくなる心理のことです。

PART3

70 いつのまにか 人をコントロールするワザ

「よいレッテルを貼られる」と だんだん向上する

「きみは仕事が早いな」などと上司に時々ほめられると、うれしくなります。快感が無意識に浸透し、仕事をテキパキ行うようになります。「きみの挨拶は元気があっていいねぇ」と朝の挨拶をほめていると、いつも元気な挨拶をくれるようになります。

よいレッテルを貼られると、動機付けされるからです（ラベリング効果）。新婚の奥さんには「きみの手料理はうまいな」とほめてあげると、どんどん料理が上手になります。反対に、「お前はどんくさいな」とか「バカなんじゃね」などと、いつもけなしていると、だんだんやさぐれていきます（ゴーレム効果）。

POINT

ラベリング効果は米国の社会学者ベッカーが提唱した効果で、レッテルを貼られた人には暗示作用がはたらくからとされます。

これに似た効果には、期待をかけると、かけられた人の成績が向上する「ピグマリオン効果」も教育理論として知られます。

71 「自分を毛嫌いする人」と仲良くなるワザ

相手の認知の「不協和」を利用して関係改善へ

　理由は不明でも、自分のことを嫌う人がいると心落ち着きません。人が誰かを嫌いになるのは「軽蔑」「嫉妬」「裏切り」「軽視」「否定」「投影」「差別」などの相手に対する不快感がそうさせています。こんな自分を嫌う相手には小さな頼みごとをすることです。小さな依頼は断るのも億劫なので受け入れてくれます。たとえば「○○の資料をちょっと見せてくれませんか？」とか、猫好きの人には「猫の健康によいことを教えてくれませんか？」などです。するとそれなりに応じてくれるでしょう。そこで大いに喜び、深く感謝して丁重にお礼を言います。これでだんだん仲良くなれるものなのです。

POINT

　嫌いな人に少しでも親切にすると、後で「なんで親切にしたのか」と不快になります。これが「認知的不協和」の状態です。
　不快なので、この認知を協和させたくなります。嫌いな人が非常に丁重に感謝したことを思い、「案外いい奴」と考え始めます。

PART3

72 「親しくない人」と 仲良くなるワザ①

頻繁に会うだけで親しみが湧いてくる

＜会社の廊下で＞

ホントによく会いますね。経理部の白鳥です。

僕、営業3課の山田って言います！

こんにちは。よく会いますね。

＜やがて＞

今度、飲みに行きませんか？

いいですね、行きましょう！

※恋に発展することもある。ただし、途中で悪印象を持った場合は逆効果に。

「親しくない人」に近づきたい時は、接触頻度をアップさせましょう。犬の散歩をする人は、犬を連れた人とよく出会います。頻繁に会ううちに会釈し、言葉を交わし、犬の情報交換などで親しくなります。これは「単純接触効果」と呼ばれる現象です。テレビCMでよく見る商品には親しみを覚えます。長い時間接触せずとも、頻繁な接触だけで十分馴染んでしまうからです。

73 「親しくない人」と仲良くなるワザ②

相手と同じ「共通項」を見つけると親近感が増幅

　近年はSNSの普及で、他人のプロフィールを知ることも容易です。出身地や卒業学校、趣味や嗜好などがわかったりします。プロフィールがわかれば、親しくなるのも簡単です。「大阪のご出身でしたか、私も兵庫県の神戸出身です。関西つながりですね」など、出身地が近いとそれだけで同類や仲間に思えるからです。何かの話をしていて、「高校時代野球部でしたか、私もですよ」などと急に盛り上がったりするでしょう。出身地や学校、趣味、好物、好きなテレビ番組が同じなど、何でもよいので共通する部分を多く持てば仲良くなれます（共通項・類似性の原理）。

POINT

　好きなモノだけでなく、嫌いなモノが同じでも仲良くなれます。共通する「括り」は何でもよいのです。中途入社同士、バツイチ同士、遠距離通勤者同士、不平不満同士など、ネガティブ・コンテンツでもおたがいに「親しみ」を覚え合います。

PART3

74 「親しくない人」と 仲良くなるワザ③

「正反対の条件」でも 「相補性」があれば仲良くなれる

「相補性の原理」というのがあります。パソコンに詳しい人とそうでない人といった「正反対の関係性」でも、おたがいが助け合える「相補性」があると、親しい関係性が構築できるのです。

上司とあまり親しくない人は、上司の苦手なモノを探し、部下がそれを補う形をとれば、部下はその上司からかわいがられます。

恋人同士でもそうです。男性がブサイクでも金持ちなら、女性が美貌の持ち主で経済的に貧窮している場合には、2人の仲は安定するでしょう。経済面という影響力の大きな分野で、きちんとバランスがとれているためうまくいくわけです。

> **POINT**
>
> 議論に強い人と弱い人、大胆な人と小心な人、スポーツ万能の人と運動音痴の人、世の中には「相補性の原理」で親しい関係を保つ人たちが大勢いるものです。他人の「弱み」や「強み」を探し、「相補性の原理」が活用できないか研究してみましょう。

75 「親しくない人」と仲良くなるワザ④

SNSを活用してアプローチ

なんか、感じのイイ人だな……。

好意の返報性

この人、いつも「いいね！」ボタン押してくれる。

　人は自分に関心や興味を持ってくれる人がいると好感を抱きがちです。自尊心がくすぐられ、承認欲求が満たされるからです。近年はSNSを通じて、誰かのプロフィールや日常生活の一端がうかがえます。親しくなりたいと思ったら、「いいね！」ボタンを押したり、リツイートすることです。こちらの存在に気づいてもらえたら、「友だち申請」し、受け入れてもらいましょう。

PART3

76 「親しくない人」と仲良くなるワザ⑤

事情を打ち明け相手の得意分野に向けて「相談する」

　他人から「相談」を持ちかけられ、うれしくなるのは自尊心が高まるからに他なりません。相談されると、その道の権威者のような気分にもなれるからです。親しくなりたい人がいたら、その人の好きなことや得意なことに向けて「相談」を持ちかけることです。人は自分の好きなこと、得意なことについては饒舌になります。こちらも正直に自己開示して、ありのままの状況をさらけ出すと、相手も「返報性の原理」がはたらき、詳しい事柄にまで踏みこんで相談に乗ってくれます。相手の好きなこと、得意なことを狙い撃ちすることです。

POINT

　相手の好きなこと、得意なことに「相談」を持ちかけるのは、自分を嫌う人に対してでも効果があります。真剣に耳を傾け、「聞き上手」に徹して丁重に感謝すれば、相手も徐々に気分がよくなり、「嫌いなヤツ」から「案外いいヤツ」に昇格できます。

77 「無理な条件」
「高い水準」を超えさせる

自負するものに焦点を当て
「ほめて・侮(あなど)る」と奮起する

　誰にでもプライドがあり、自分の得意分野や好きな分野については、とりわけ自負心も高く保っているものです。そんな相手に現状をクリアさせ、さらに一歩高い水準を目指させたい時には、「きみは英語が達者だけど、この文書を今週中に訳すのは、さすがに無理だよね？」などと、「ほめてから、ちょっぴり見くびる」のが効果的です。「いえ、そんなことはありません。やってみせますよ」などと反発心から乗り気になってくれます。「きみは営業成績ナンバーワンだけど、財閥系大手のS社から受注を取るのは無理なのかな？」などと問えば奮起してくれます。

POINT

　子どもに対して「きみは数学ができて頭がいいのに、国語で80点以上を取るのは無理なの？」と問えば頑張るはずです。酒豪を誇る生意気な部下には「いくら酒豪のきみでも、このマオタイ酒のグラス一気飲みは無理だろ？」と挑発するとつぶせます。

PART3

78 会議で主導権を握る方法①

大局をとらえた態度で「存在感」をアピールする

　会議で進行役を仰せつかっても、出席者に先輩や上役が多いと緊張して主導権を発揮しにくいものです。舐められないためには、私語の多い人には「〇〇さんには、何かよい意見がありそうですね」と指名して牽制したり、不規則発言の人には「本件議題とずれていないでしょうか？」と大局観を示して全体を見渡すようにすると存在感が自然に増します。また、進行役でない場合でも、自分の意見を述べるだけでなく、他の意見の後にも口をはさみ、「それ、いいですね！」とか「面白いアイデアだな」などと短い寸評を述べると、存在感がみるみる増していきます。

POINT

　会議で発言しないと、消極的でヤル気のない人間と見なされます。会議は集合の場ですから、ここで存在感を示せるかどうかで、その人物の評価も定まりやすいからです。たとえ自前のアイデアを開陳できなくとも、「参加姿勢」が問われるのです。

79 会議で主導権を握る方法②

「スティンザーの3原則」をベースに根回しする

　米国の心理学者スティンザーは、会議における出席者の心理状態について考察しました。真正面に座る人は、過去に対立したことがあるか、あなたへの反対意見を持ちやすい人で、真横や斜め前に座る人は味方になりやすい人です。また誰かの発言に続く発言は反対意見が多くなります。そして議長の主導権が弱いと正面に座る人同士の私語が多くなるとされます。自分の意見を会議で採用してもらいたい時には、会議前に十分な根回しを行っておき、賛同者には自分の正面に座ってもらい、自分の意見に続いて賛同発言をしてもらうよう頼んでおきましょう。

> **POINT**
>
> 　会議前に自分の意見への「根回し」を行うと、自分の意見に賛同してくれるか、懐疑的か、反対かといったことが浮き彫りになります。できるだけ説得して賛同者を増やしておき、座る位置と自分の後に賛同意見を続けてもらうことが大事なのです。

PART3
80 不平不満の多い部下を うまく操る方法

「状況は誰にとっても同じであること」を 悟らせる

　不平不満が絶えない、甘ったれた部下がいると、四六時中、不快な思いをさせられます。「文句言うな！」「黙ってやれ！」などと一喝したいところですが、「パワハラだ」「話を聞いてくれない」と触れ回られても困ります。そんな時は、「オレもそうだったんだよ」と共感のセリフで歩み寄ってやり、「みんなそうだよ」の言葉で諦観させるのが、賢明な飼いならし方法になります。

仕事の評価を 上げてもらう伝え方

上司の無意識に与える影響や 印象を操作する

　上司から頼まれた仕事を仕上げたのちに、「とりあえずできました」「一応仕上がりました」などの素っ気ない言葉とともに上司に提出していないでしょうか。これでは、あなたの仕事の評価は上がらないでしょう。やっつけ仕事のような印象が醸（かも）されるためです。提出する時にはひとこと、「グラフは2種に分け、小見出しにも工夫しました」「時系列の比較を加えてみました」などの言葉を添えるべきだからです。ひと工夫凝らしたという付加価値の提示によって、上司があなたの仕事の出来映えを点検する際の印象度がアップするからです（プライミング効果）。

POINT

　人は先行する情報（プライマー）によって、後の判断（ターゲット）が促進されたり、抑制されたりの影響を受けます。自動車レースの映像を見た後は、クルマのスピードを出しやすく、交通事故の映像を見ると運転が慎重になります（呼び水効果）。

82 自分の優先度を
上げてもらう伝え方

あらためての「ひと手間」かけた
メッセージが効く

　経理担当係の人に、自分の「精算伝票」を領収書とともに提出する際、そのまま処理ボックスに放りこんでいないでしょうか。これだとあなたの優先度合いは、その他大勢の人たちと同じ扱いになります。ポストイットや付箋メモを付け、「いつも迅速な処理をありがとうございます」などの言葉を添えるべきでしょう。すると、毎回印象のよいあなたの精算伝票が優先的に処理してもらえるようになるからです。上司に提出する書類にも、ひとこと工夫したところを添えるなどしただけで、書類の内容評価も好印象になっていくのです（ポストイット効果）。

POINT

　ポストイットの添え書きだけでなく、メールの書き出しでも、「いつもお世話になっております。○○の件で…」といった人が大半です。この場合も「いつもお世話になり、ありがとうございます」と感謝のセリフを加えるだけでも好印象になります。

PART3

83 「断る理由」を封じ翻意させる伝え方①

逃げられないよう束縛する言葉で攻める

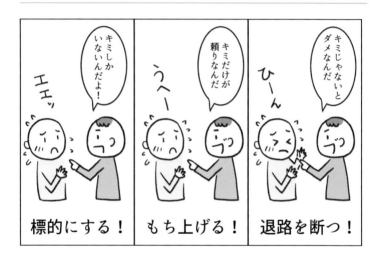

| 標的にする！ | もち上げる！ | 退路を断つ！ |

「忙しいので無理だよ」とか「お金がないから行けない」などと明確な理由をあげて断る人がいます。理由を明確にするのは、断りの意思が強いことを物語っています。こんな時に「断り」を封じ、翻意させるためには相手を限定して束縛することです。「きみしかいないよ」「きみだけが頼り」「他に頼める人がいないんだ」などと代替できないことを告げましょう（限定効果）。

PART3

「断る理由」を封じ
翻意させる伝え方②

認知を揺さぶりリフレーミングを試みる

「学校は勉強する所じゃない」などと非常識な主張をすれば、俄然、注目度は上がります。「え？」とハテナマークが広がります。「学校は考える力を身につける場」と聞かされればなんだか腑に落ちて、納得度も高まります。逆説を唱えられると認知が歪む「認知的不協和」に陥り、早く答えを知って認知を協和させたくなります。「忙しいので断る」「お金がないので断る」などと告げられたら、「だからいいんだよ」と告げると認知が歪みます。「え？」となるわけで「忙しい人が貴重」「お金がない人こそ大事」と伝えると妙に腑に落ち、翻意する可能性が高まります。

POINT

　認知を歪められると視界も歪みます。自分が否定的にとらえていた事柄が、あえて肯定的評価として再認識させられるからです。すると「そうかもしれない」という気づきとなって、「断らなくてもよいかもしれない」などと錯覚が広がっていきます。

85 上司の「間違い」への 指摘はNG

上司は部下よりも「知性が上」という タテマエが大事（その1）

　上司が「ニューヨークはなんたって米国の首都だからな」など
と発言した後に、「首都はワシントンDCですよ」などと口をはさ
む部下がいますが、間違った対応です。「シュチエーションを考
えてな！」という上司の助言に「それを言うなら、シチュエーショ
ンでしょ！(笑)」などと嘲笑うのは、なお悪い対応です。上司の
プライドが傷つくからです。「しまった！」という悪い記憶が、
その部下の顔とセットになって上司の無意識に刻まれます。上司
はつねづね部下より自分が「知性が上」と自覚していないと、気
がすまない存在だからです。気づかないフリが重要なのです。

POINT

　「フィンテック知ってるか？」と上司に聞かれ、「ファイナンス・
テクノロジーの略ですが、それが何か？」などと得意気に応じ
るのもNGです。上司が講釈したいのかもしれないからです。「あ
まり存じ上げませんが…」と様子を見るのが正解です。

上司への「反論」はNG

上司は部下よりも「知性が上」という タテマエが大事（その２）

「今後は、一切値引き禁止だ。値引き要求は一切断れ！」などと上司が部下に命じると、「しかし、それじゃ取引中止になるところも出ますが、構わないのですか？」などと部下は反論するでしょう。すると上司が「そん時はそん時だ」などと無責任にごまかします。部下は「それってヤバイでしょ？」などと追及することになりますが、これは反論ゆえにNGなのです。部下は冷静に「値引き禁止は承知しました。あのう、1つ質問してもよろしいですか？」とだけ水を向けることです。これなら、その場の勢いで放言しただけの上司のメンツもつぶれません。

POINT

　部下に反論された記憶を残さないことが大事です。上司は、命令や号令が大好きですが、熟慮していない口先だけの主張も多々あるからです。「いや」「でも」「しかし」などの逆説のセリフも避け、まずは「承知しました」と受けておくのが無難です。

107

ホウレンソウをしてこない部下の扱い方

仕事のできる部下からは「教え」を乞う

「報告・連絡・相談」は、上司と部下との大事なコミュニケーションです。しかし、部下の中には、上司を軽んじホウレンソウをしたがらない者もいるはずです。たいてい仕事のできるタイプで、上司のうるさい指示を仰ぎたくない部下に多く見られます。こんな部下にホウレンソウをしてもらうにはどうすればよいでしょうか。部下の自尊心をほんの少しくすぐり、教えを乞うのが正解です。「きみ、頑張ってるな。創意工夫してることとか、ぜひ教えてよ」などと水を向けたり、「朝礼で披露するから営業のコツを私にも教えてよ」などと言えば態度も変わります。

> **POINT**
>
> ホウレンソウのない部下は、仕事が好きで自由裁量でやりたいのです（内発的達成動機）。上司の余計な指示（外発的達成動機）があると、仕事への意欲が下がるからです（アンダーマイニング効果）。勉強のできる子は放っておいてよいのと同じです。

PART3
88 上司や得意先の人には「メモ」を取る習慣

真剣に話を聞かれると
サービスしたくなる心理

　上司や得意先の人との会話で、おもむろに手帳を取り出しメモする人がいたら、その人はどんな印象に映るでしょう。とても真面目で誠実なイメージがうかがえるはずです。つまりメモを取り出されて耳を傾けられると、聞き手の真剣さが直に伝わってくるわけです。こうなると話し手も多くのことをていねいに語ろうという気になるでしょう。これが「インタビュー効果」です。

「決断や行動の遅い人」を駆り立てる方法

「同調心理」を早めに刺激

　何事にも慎重な人と言えば、聞こえはよいですが、あれこれ迷ってばかりで決断できなかったり、行動に移すのをひたすら面倒がっている人もいることでしょう。こんな人がチームのメンバーだったら困ります。周囲が見えず、自分1人が取り残されているのにも気づいていないからです。こういう人は「同調心理」が欠如しているのです。こんな人には、「もうみんな揃ったよ」「提出していないのはきみだけになったよ」という1人だけ集団から取り残されていることを、早めに伝えてあげることが肝になるでしょう。

POINT

　普通の人は「もう皆さん、お集まりですよ」などと告げられただけで、遅刻している気分になって慌てさせられます。しかし、世の中には「同調心理」に疎い人もいます。こんな人は流行にも左右されず鈍感です。よく観察しているとわかります。

PART3

「商談の成功」は雑談にかかっている

SNSなどでの事前の「情報入手」が決め手

　商談を進める上で重要なのは、「雑談」でおたがいの心理的距離をいかに近づけられるか——ということです。よそよそしく、ぎこちない会話だけだと、物事の核心となる部分がなかなか浮かばず、話が煮詰まっていかないからです。雑談のうまい人は、他人から警戒されずに早々と胸襟を開いてもらえ、その結果、短時間で商談の成果も上げられます。SNSなどを通じ、相手のプロフィールを入手したり、前任者がいれば、相手の「人となり」を事前に把握しておくことです。相手の好きなことや関心の高いことを話題にすれば、雑談は盛り上がりやすいからです。

POINT

　「雑談」の際の質問には、自由に答えられる形の「オープン・クエスチョン」と、「イエス・ノー」で答える形の「クローズド・クエスチョン」があります。「クローズド・クエスチョン」の質問ばかりだと尋問のようになりがちなので気をつけましょう。

「付加価値」に隠された罠①

消費者の「共同幻想」が高価格を支える

「付加価値」とは、簡単にいえば企業が外部購入材に付け加えた価値のことです。商品に例えるなら＜付加価値＝売上高−原材料費＞です。この部分に利益や人件費、広告宣伝費、減価償却費、賃借料、金融費用などが含まれます。

　商品の付加価値は高いほど生産性も高いと言えますが、消費者にとっては必ずしもコストパフォーマンスがよいとは言えません。品質以上の費用を払わされているからです。

　たとえば、化粧品の原価が激安なのは、業界のマル秘常識です。基礎化粧品の原料は基本は水と油です。それを混ぜ合わせる合成界面活性剤の他に、色素、香料、防腐剤が入り、特殊成分がちょっぴり加わるだけです。高価とされるヒアルロン酸も、1g（1cc）50円程度で4ℓもの保水効果があり、それをわずか0.1g入れただけでも湿潤効果は満点で原料代はたったの5円です（美容整形外科では1g 3万〜5万円で販売しています）。化粧水は1〜2円、乳液は2〜3円、クリームは10円程度の原料費です。メイクアップ商品も同様に激安です。口紅は5〜10円、ファンデーションは20〜30円です。実は化粧品は容器代や箱代のほうが20円〜100円と高いのです。夢を売る商品なのでパッケージを美しくエレガントにし高級に見せる

必要があるためです。

　これらの商品を 2000 円、3000 円の小売価格で売るのが業界標準です。あるいは容器やパッケージをさらに豪華にして、1 万〜 3 万円で販売したりします。それでも、よけいに売れるから不思議な商品なのです。心理学では「ウェブレン効果」と呼ばれますが、化粧品は美を追求する商品ゆえに、高ければ高いほど効能効果があるように思わせられるからです。もちろん、化粧品は医薬品でないため、ほとんど効能効果をうたえませんが、それらしく宣伝することで消費者の「共同幻想」を掻き立てるのに成功しています。

　こんなにオイシイ業界なので他業界からの参入が激しく、2 兆 5000 億円の市場には中小・零細業者が千数百社もひしめきます。しかし、市場の 7 割は大手 4 社ががっちり押え、消費者は夢を求めて高額を支払い続けているのです。

PART 4

自分と相手の
感情コントロール法

24

91 「怒り」がこみ上げた時の 対処法①

交感神経を鎮めて 副交感神経を優位にする

　P.84で紹介の通り、「怒る」のは、目前の状況が自分の想定外のため「脅威」を感じるからです。すなわち潜在意識（本能）が「恐怖」を覚えて全身の筋肉が緊張で固まり、心臓の拍動が激しくなり、呼吸が荒くなる――など、動物が「敵」と遭遇した時に相手と「闘うか・逃げるか」を選択する時の状態になるわけです。これが「怒り」の衝動です。興奮のために交感神経が活発にはたらいていますから、これを鎮めるべく、リラックス状態の時の副交感神経を優位に導くことが大事です。「ゆっくりと深呼吸」「全身の脱力」「目を細める」などが有効です。

POINT

　「怒り」をすばやく鎮めるには、まず深呼吸や脱力などで、身体感覚から脳に「今はリラックス状態」と伝えます。次いで「冷静に」と意識的に自分の脳に言い聞かせ、数を数えたり、目を細めて対象から目を逸らし、他のことを考えるように努めます。

PART4
92 「怒り」がこみ上げた時の 対処法②

相手と同じ土俵に上がってはいけない

　突然、喧嘩を吹っかけられることがあります。「お前、これな んだよ！」とか「お前、ふざけんなよ！」などと、ものすごい剣 幕で挑まれた時です。相手はその勢いで一気にこちらを屈服させ たいと考えていますが、その態度にこちらも頭に来て、「なんだよ、 お前こそ、その言い方はなんだ！」などと威圧的に言い返す人も います。もちろん間違った対応です。憤怒の応酬になり平行線を 辿るからです。かといって「萎縮」して媚びるのも問題です。相 手を増長させるからです。こんな時は、「冷静に話してください」 などと落ち着いて伝え、アサーティブに応じるべきなのです。

POINT

　アサーティブとは、「対等な立場での自己主張」という意味で す。アグレッシブ（攻撃的）でもなければパッシブ（受け身） でもない、誠実に正直な自分の気持ちを相手に伝えるコミュニ ケーションスキルです。練習すれば誰でも身につけられます。

93 「怒り」がこみ上げた時の 対処法③

無理にでも「笑顔」を作ると 「怒り」が消えていく

　19世紀後半の古典的心理学理論に「ジェームズ＝ランゲ説（情動の末梢起源説）」というのがあり、議論を呼んできました。「楽しいから笑うのではなく、笑うから楽しくなる」というものです。私たちは口角を上げて「作り笑い」をしていると、たしかになんとなく楽しい気分が得られる感じがします。真の原因は未解明なのですが、「笑顔」を作れば「怒り」は消えるのです。

PART4

94 「怒り」がこみ上げた時の対処法④

「メタ認知」の習慣化で「怒り」の消去に通じておく

「怒り」がこみ上げてくると、身体は興奮状態になって不快です。このストレス状態を長く続けるのは百害あって一利なしです。「人を呪わば穴二つ」という格言にもある通り、相手を憎めば自分も害を受けます。穴というのは墓穴の意味だからです。

「メタ認知」という方法で、「怒り」の矮小化(わいしょうか)を図るべきでしょう。「メタ」というのは「高次の」という意味です。自分を客観視することで、今自分が怒っていることがどれほど小さく、くだらないことであるかを認識することが大事なのです。もっと大きな事柄と比較したりすれば、怒りの鎮静化にも有効です。

POINT

　「メタ認知」は、自分の中のもう1人の自分を冷静に把握していくことです。自分が怒っている原因や状況を客観的に見つめ直すと「怒り」も矮小化され、やがて「怒り」の意味も変わってきます。なんでこんなことで怒っているのか気づけるわけです。

95 パワハラ上司の理不尽な攻撃をやめさせる①

礼節を保った適度な「ディスペーシング」で覚醒させる

　職場で「バカ、お前死ね！」などと怒鳴り、部下を委縮させる上司も、「反撃しない部下」を選んでパワハラ攻撃をしています。部下が委縮するのは「ペーシング」で、上司のペースに合わせています。これだといつまでもパワハラは続きます。制止するには、上司のペースに合わせない「ディスペーシング」が必要です。「バカとはなんです？」などと部下が抵抗すれば脅威を感じた上司は攻撃をやめるか、続けても部下が冷静であるほど次第にトーンダウンします。「不適切な発言は困ります」などのアサーティブな適度なディスペーシングが効くわけです。

POINT

　部下が委縮するのは、「ペーシング」なので、調子に乗った上司の理不尽な攻撃は続きます。どこかで「ディスペーシング」が必要ですが、「バカとはなんだよ！」のディスペーシングでは喧嘩腰ゆえ、礼節をわきまえたディスペーシングが賢明です。

PART4

パワハラ上司の理不尽な
攻撃をやめさせる②

「全員一致効果」で暴言を封じる

パワハラ上司の暴言は、あとで証拠になるので、その都度録音しておくことです。問題が明るみになっても、パワハラ上司は「そんなつもりはなかった」「励ましたつもりだった」などと必ず否定するからです。被害に遭っている部下が複数におよぶなら、「連判状」を認めて、「職場での部下への暴言や罵倒をやめてください」などと署名を連ねて抗議すると効果があります。複数名がまとまって抗議や意見を申し入れると、上司は自分だけが除け者にされた疎外感を味わい、その状況に脅威を感じて屈服するからです。これは「全員一致効果」と呼ばれます。

POINT

1対1だと、立場が優位な者が勝利しますが、1対複数だと権力者でさえ威圧感を覚え、たじろがざるを得ません。複数人が結束していると、それだけで無言の圧力を感じさせられるからです。権力者と対峙する時は、団結・連帯が肝になります。

97 イヤな相手をスルーする対処法①

皮肉やイヤミの「醜怪さ」を突き返してあげる

　イヤミや皮肉を言うイヤな相手はどこにでもいます。イヤミや皮肉を言うのはコンプレックスが原因です。相手をからかうことによって、本当は相手より自分が優位にあると、劣位を打ち消したいからです。ゆえに、「一流大学を出てて、そんなことも知らないの?」などと、自分より優秀な大学を出ている相手に皮肉を言ったり、「それってバーキンね。いいなあ、パパがいる人は」などと、あたかもパパ活をしているとでも揶揄する言い方をするのです。こんな毒のあるセリフを浴びた時は、黙りこまずに一言、「一流大学?」「パパ?」とオウム返しで呟きます。

POINT

　相手に反論したりすると敵の思うツボです。挑発に乗れば「そんなつもりで言ってないのになんだよ」などと、軽くいなされます。独り言のようにイヤミの核心部分をオウム返しで呟けば、それだけでイヤミを放った張本人の心に突き返されるからです。

98 イヤな相手をスルーする対処法②

悪口仲間にされないよう「距離を置く聞き方」

　他人の悪口を吹きこんでくる人には要注意です。うっかり同調して聞いていると、どこかで「あいつも言ってたけどさ」などと自分も悪口を振りまく仲間にされかねません。誰かの悪口を聞かされたら、「ふーん、きみの観察眼は鋭いな」とか、「さすがの地獄耳だね」などと、その情報収集能力だけをたたえてやり、「ところで○○って知ってる？」などと話題を変えることです。

99 イヤな相手をスルーする対処法③

ウワサ大好き人間の「詮索(せんさく)」を遮断する

　ウワサ大好き人間は、他人のプライバシーを詮索します。あれこれ聞き出して、別のところでウワサ話として楽しむためです。「ねえ、おたくマンション買ったんですって？　すごいわあ、うらやましいわー」などと賞賛しながら近づいてきます。うっかり「いえいえ、大したマンションじゃないの、中古だし…」などと謙遜して答えようものなら、たちまち「ねえ、価格はいくら？　何年ローンなの？」と食いついてきます。正直に答えたらあちこちで、「中古なのに4000万ものローン組んで、大丈夫かしらね」などと餌食にされます。正直に応じたのが間違いだったからです。

POINT

　ウワサ大好き人間にプライバシーを詮索されても応じてはいけません。尋ねてきた話題にまったく興味のないフリをして、「別に…」と軽くいなして、「それが何か？」と逆質問してやることです。すると、「や、ちょっとね…」などと言葉が詰まります。

PART4
100 イヤな相手をスルーする対処法④

毒のあるセリフを吐く人間を攪乱させる

　トゲや毒のある言葉を発しながら近づいてくる人がいます。「ねえ、お宅のご主人、最近よく見るけど、リストラに遭ったなんてことはないわよね？　だって、おたくのご主人エリートだし、そんなこと考えられないものね」などと平気で言ってきます。大きなお世話ですが、これまた、つい正直に「実は転職活動をしています」などと答えようものなら、近所中に「45歳でリストラに遭って職探しですって、大変ねえ」などと言いふらされます。こんな人には、まともに答えず「へーなるほどねえ、ホッホッホ」などと、オチョクリ相づちで攪乱しましょう。

POINT

　真面目な人ほど、相手の質問に正直に答えようとします。この習慣をなくすことが重要です。「え、なーに？　いやだ、そんなことに関心持っちゃって、奥さんて面白いー、あっはっはっは。そーおなんだ、なるほどー」で肩透かしを食らわせます。

101 「悪質クレーマー」への 対処法①

「要求」を問いただされると進退窮(きわ)まる

　クレームは「苦情」と訳されます。本来のクレームは品質向上やサービス向上に役立つものです。ただしクレームのためのクレームは「悪質クレーマー」の専売特許になります。クレームの形をとりつつ、威嚇(いかく)したり、長時間粘ることで対応者を困らせます。単なる嫌がらせや愉快犯もいますが、法外な金品を目的とすることも多く、「大切なお客様」などと認識していると対応を誤ります。「悪質クレーマー」と判断したら、毅然とした対応が必要です。「どうしてくれんだよ、おい」とすごまれたら、「どうしてほしいのですか？」と逆に質問して切り返すことが大事です。

POINT

　人は質問されると、答えなければならないと追いこまれます。「悪質クレーマー」は、自分から具体的な金品を要求してしまい、それを断られたのちに執拗に迫ると、脅迫や恐喝未遂になることを知っています。ゆえに要求をただされると口ごもります。

102 「悪質クレーマー」への 対処法②

うかつな発言が命取りに

「悪質クレーマー」に対処する時は、慎重な発言が望まれます。「そんなバカなことはないと思いますが…」「お客さん、この価格帯の製品だと、大体こんなものですよ」などと発言したばかりに、「今、お前は俺をバカ呼ばわりしたな！」「お前の店は粗悪品を堂々と売ってるのかよ！」などと絡まれます。相手は「待ってました」と飛びついて2次クレームに発展させたいからです。

103 「悪質クレーマー」への
対処法③

「クレームの芽」は事前に摘んでおく

　「悪質クレーマー」は、クレームになりそうな事例を探しています。なんらかの迷惑や被害を被ったと主張できる材料が欲しいからです。したがって、トイレ清掃後に床が濡れているのに「注意喚起」の札を出さなかったりすれば、「転んで怪我をした。治療費を払え」などのイチャモンをつけられます。居酒屋でホールスタッフの急な欠勤があり、人手が足りないのに全席オープンで開店すれば、「注文品が届かない」「オーダー取れよ」などのクレーム殺到も不可避です。こんな時は、あらかじめ予約席の札を立て、席数のキャパを減らしておくなどの工夫が大事です。

POINT

　クレームは発生してからの対処より、起きないようにする予防措置が何より重要です。万一のトラブルに結びつくかもしれない事態を予見し、「クレームの芽」を摘んでおくことが求められるのです。「悪質クレーマー」を作らないことが最善の策です。

PART4

104 「悪質クレーマー」への対処法④

キッパリ断り
「沈黙」で居心地の悪い思いへ

「悪質クレーマー」はクレームの拡大を狙います。そのため、クレーム対応者の言葉尻をとらえ、「対応がなってない！」などと怒りだし、「お前じゃ話にならん。上司に代われ」などと騒動を大きくしたがります。ここで、委縮し怯えていたのではペーシングとなり、「悪質クレーマー」との押し問答は続いてしまいます。冷静に落ち着いた態度で、「それはできかねます。わたくしが責任を持って、お客様のお話を伺いますので、わたくしにお話くださいませ」とアサーティブに断ることが重要です。「それはできません」と断れば、騒動拡大の防波堤になります。

POINT

「なんでできないんだよ？」と問われたら、もう一度繰り返すか、「今、申し上げた通りです」と告げて沈黙します。沈黙はこちらの考えていることがわからなくなるため、相手を不安にさせる心理テクニックです。相手にバツの悪い思いを味わわせられます。

105 「悪質クレーマー」への対処法⑤

「どう喝クレーマー」には複数対応を

　通常のクレーム対応時でも、電話でお客をタライ回しにしたりすれば温厚なお客も「悪質クレーマー」に豹変させかねません。暴言やどう喝予防のため、「この電話は品質向上のため録音させていただいております」などと流していても、こじれれば、「どう喝クレーマー」に変貌し怒鳴りこんできます。こんな時は複数対応します。複数での対応なら多勢に無勢となるからです。

PART4

106 「悪質クレーマー」への対処法⑥

「非を認めたから」でないことを明言する

　欧米と日本のクレーム対応は異なります。欧米ではクレームに対する責任があった場合のみ謝罪します。しかし、日本ではクレームで迷惑を被ったと主張する人に「それは大変ご迷惑をおかけして申し訳ございませんでした」と先に謝まるのです。

　そのため勘違いが生じ、「非を認めたから、さっき謝ったんだろ？おたくのクリームを塗って顔にブツブツができたのは事実なんだから、治療費払えよ！」などという人も出現します。

　こうした場合、「お客様のお言葉を尊重し、お見舞いの意味でお詫びしました」と改めて意図を述べてから因果関係を調査します。

POINT

　化粧品や飲食物へのクレームは因果関係を究明するのに時間もかかり、原因が解明されないこともあります。お客の言い分を最初から「そんなはずはないんですが…」などと否定すると逆切れする人も多く、日本では最初に謝る形式が浸透しています。

107 「悪質クレーマー」への 対処法⑦

店の中で騒ぐ客には 「警察への通報」を予告する

「おいコラ！この店のラーメンはゴキブリの脚も具にしてるのかよ！これを見ろ」などとゴキブリの脚をつまんで、店中に響き渡る大声でわめかれたら、どうすればよいのでしょうか。店員が大慌てで「さっそく、お作り直しします」と駆け寄っても、「ふざけんじゃねえ、ゴキブリラーメンなんざ、金輪際食えるかよ！」と怒鳴り散らされます。他の席にいるお客にまで、不快にさせる振る舞いに及びます。こんな時には「お客様、大声を出さないでください。他のお客様にご迷惑ですから」と冷静に制止することです。

POINT

　本当にゴキブリの脚が入っていたかどうかは疑ってはいけない場面です（偽計業務妨害の疑いはある）。ただし、大声で叫ぶ行為は威力業務妨害です。「大声を出されるなら、警察を呼びます」とゆっくり落ち着いた声でアサーティブに告げることです。

PART4

108 「悪質クレーマー」への対処法⑧

しつこく粘る「悪質クレーマー」を引き取らせる

　仕事に慣れていないバイトの多い飲食店などでは、「あの従業員の口の利き方がなってなかったぞ。俺の前で土下座させろ」などと店長に要求する酔っ払いもいます。こんな時は「お客様、従業員に土下座を強いるのは強要罪ですし、人権侵害ですから、お断り申し上げます。当人には私から注意しておきますので、お客様にご不快な思いをさせた件は私が代わってお詫び申し上げます」というのが常識です。何度も謝罪しても「許さない」という場合は、「お客様、謝罪はこれが精一杯です。お引き取り頂けないなら警察に通報します」とアサーティブに伝えましょう。

POINT

　「お客様は神様」といった標語を勘違いした、しつこい「悪質クレーマー」には、キッパリ「お引き取りください」と伝えなければいけません。いつまでも粘る場合は、「不退居罪」になることを示唆します。「悪質クレーマー」はお客ではないからです。

109 「やる気や元気が出ない時」の対処法①

脳の側坐核（そくざかく）を刺激する方法に通ずる

「なんだかやる気がしない…」という場面は誰でも経験します。明日の試験に向けた学習、会議で発表するためのレポートの準備…、やる気が出ないと時間ばかりが空費されます。最近の脳科学の知見によれば、脳の中心部にある「側坐核」という部位がやる気に関わると判明しています。ただし、やる気を出そうと、心で念じてもやる気は起きません。側坐核を刺激するには、実際に何かに取りかかることが大事だからです。試験のための参考書を開き読み始める、レポートの項目を書き出していく…こうした具体的な行動で「やる気スイッチ」が入るからです。

POINT

「掃除するのが億劫だ」「整理整頓するのが面倒くさい」などと考える人は多いのです。しかし、いつまでもこんな思いで悶々とするのも、時間のムダなので、すぐに行動を始めることです。「やる気スイッチ」が入れば、しばし没頭して進められるものだからなのです。

110 「やる気や元気が出ない時」の対処法②

大きな声で笑えば「力」がみなぎる効果

　元気がない時、落ちこんでいる時、その状態をスピード回復できる方法があります。それは大声で笑うことです。人が笑顔になるのは、「幸せ」で「楽しい」時だと脳にインプットされています。ゆえに大きな声で空笑いすれば、腹筋も使った腹式呼吸なので次第に全身の血液循環も促進されていきます。この相乗効果で、「なんだか体中に力が湧いてきた」と実感できるのです。

111 常に自分に「幸福感」をもたらす方法①

「足るを知る」といった「感謝・満足」の生活実感の重要性

　残業が多い、給料が少ない…といった不平不満は、愚痴（ぐち）として口からこぼれがちです。こうしたネガティブ感情は脳内のストレスホルモンのコルチゾール分泌を増加させ、記憶力や免疫力の低下を引き起こすなど、さまざまな弊害が判明しています。

　愚痴をこぼしたり、また、愚痴をこぼす人のそばにいるだけでも、常にネガティブ思考が習慣化されていきます。不平不満は消し去ることが重要です。人が「不幸」を感じるのは、自分より優位と思える人との比較が原因だからです。ゆえに自分より不幸な状況の人々の生活に思いをはせ、「幸福感」を実感することです。

POINT

　心理学者のバンデューラは、チャンスに強い人になるには「自己効力感」を高めることが重要と説きます。人は課題に向き合って「どうすればできる」の結果予期はできても、「自分にもできる」という自己効力感がないと、うまくこなせないからです。

PART4

112 常に自分に「幸福感」をもたらす方法②

「収入の増加」で増え続けるのは「生活満足感」のみ

　年収と幸福に関する研究は昔から多々あります。有名なのは行動経済学分野でノーベル経済学賞を得たカーネマン教授とディートン教授の研究でしょう。「年収と幸福感」の関連は、年収が7万5000ドルを超えれば年収と幸福感は比例しなくなるという結論でした。富裕層になっても幸福感は上昇せず、「生活満足度」だけが増加するわけです。お金があればモノやサービスに不自由しなくなるからです。富裕層が「幸福感」を感じるのは、「友人や家族との語らい」や「安らかな休息」といった平凡なものでした。そうした環境面にこそ、「幸福感」が宿るのです。

POINT

　「幸福感」を感じるには、「ないものねだり」をしないことです。今、自分が置かれている環境にこそ、「満足感」や「充足感」を見出さないと、一生「不幸感」がつきまとってしまうのです。心身の健康のためにも「満足点」「充足部分」を探すことです。

113 「上手な断り方」を
マスターしておく

相手に対する「配慮」を見せるのが
「上手な断り方」

　上司から急な残業を頼まれた時の断り方は重要です。断りのステップは「申し訳ありません」の謝罪に続き、「今日は約束がありまして」などと理由を告げて断るのが順当です。しかし、とっさに「明日の朝早く来て仕上げるのでもよろしいでしょうか？」などと代替案を提示できれば好印象にもなります。頼み事を断る時は、常に別の代替案がないかを模索することです。

PART4

114 上司をたたえる時の 注意すべき「言葉遣い」

「上から目線」にならない賞賛の仕方

「ほめる」という行為は、「評価すること」です。ゆえに、本来は部下が上司をほめるのは禁じ手です。「課長、エクセル使えるようになったんですね、さすがですね、えらいっすよ」などと調子に乗ってヨイショする部下もいますが、「なめんなよ」と不機嫌にさせているかもしれません。部下が、上司に何かをたたえるべき時は、「課長、もうエクセルをお使いですか。習得の早さには驚きます」などと、「事実」への自分の「感想」を率直に述べるべきです。「課長のプレゼン、上手ですね、参考にいたします」ではなく「課長のプレゼン、勉強になります」などの「事実」で伝えます。

> **POINT**
>
> 専門家に対しての「ベタなほめ」も禁物です。料理人には「料理上手ですね」ではなく「すごく美味しい料理」と伝えます。塗装職人には「塗るの上手！」ではなく「キレイな仕上がりですね」です。技術をほめると上から目線なので作品をたたえます。

「付加価値」に隠された罠②

「相互扶助」という幻想が惑わせる

「保険は相互扶助」と多くの日本人が共同幻想に陥っていますが、これまた大きな誤解です。公益財団法人の生命保険文化センターが、2018年に公表した生命保険の世帯加入率は88.7%、世帯の年間払込保険料は38.2万円（月額3.18万円）でした。日本人の保険好きは世界でも突出し、払込額では米国に次いで2位ですが、人口比を考慮すれば世界一です。ピーク時の1997年には払込額が67.7万円（月額5.64万円）にも達していたため、狂気の沙汰でした。

　民間の「医療保険」に至っては、公的健康保険の「高額療養費制度（数百万円かかった高額医療費でも3割負担でなく、概ね10万円前後の負担ですむ制度）」や病気で働けなくなった時の「傷病手当金（給与の3分の2支給）」が知られていないことを利用した詐欺まがいの保険なのです。

　大手生保の場合、30歳男性の3000万円の死亡補償で10年間の特約ナシ商品は、月額保険料が7000円前後ですが、万一の補償に回る「純保険料」は35%の2450円ぐらいしかなく、残りの「付加保険料」の65%の4550円が保険会社の高い「付加価値」になります。粗利として保険会社の利益や経費で消えるのです。毎日TVから膨大に流されるCMや保険代理店への

手数料もここから賄われています。

　ネット生保の場合でさえ、価格は大手生保の半額程度でも、「純保険料」は77％程度で、「付加保険料」は23％も占めます。保険は「相互扶助」がろくに機能していないのです。営利目的の金集めビジネスに他ならぬ構図なのです。

　営利目的でない補償なら、「都道府県民共済」が最もコスパがよく、共済の草分け「さいたま県民共済」の場合、純保険料に相当する部分は97％にも及びます。代表的な「医療・生命共済」は、入院で1日8000円支給（120日まで）、手術1〜5万円、重度障害400〜1000万円、病気死亡400万円、事故死亡1000万円の補償で、月額加入料は一口2000円でも、割戻金が49％もあり、実質的な月額負担は半分の1000円ですみます。こういう保険ならぬ共済こそが「相互扶助」で運営されており、民間生保はムダの塊なのです。

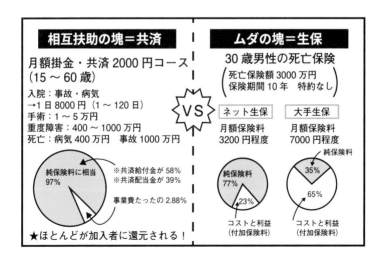

PART 5

男女の心理の表と裏

14

115 男と女の「思考の違い」を理解する①

男性脳と女性脳のはたらき方の特徴

　人間の脳は「右脳」と「左脳」に分かれ、「右脳」は感覚的、空間的把握が得意で、「左脳」は言語的、数理的把握が得意です。「右脳」と「左脳」の間は「脳梁」という神経線維の束で結ばれていますが、女性はこの束が男性より太く、女性が「右脳」と「左脳」をバランスよく使えるのに比して、男性は「左脳」を使うほうが支配的と言われます。女性同士の会話が感覚や感情重視の「共感型」で、男性同士の会話が、理屈や原因にこだわる「論理型」になるのは、この辺に理由があるとされます。男女で会話する時には、この違いを理解して行うべきなのです。

POINT

　女性が「今日は疲れたわ」と呟くと、男性は「なんで？また会議が長引いたの？会議は最初に時間を決めなきゃダメだよ」などと原因究明と解決策を口にしがちです。しかし、女性は男性に「大変だったね」と共感してほしいだけのことが多いのです。

116 男と女の「思考の違い」を理解する②

女性同士が「とりとめのない会話」を続けられる理由

　原始時代、男は狩りで獲物を多く捕ることで優劣が決まりました。女は子を守り育てながら、協調して採集生活を送ることが優先されました。こうした遺伝的DNAが、私たちの思考にも備わります。男は「競争」「勝敗」「序列」「プライド」に生きる価値観ですが、女は「協調」「共感」「助け合い」の価値観です。こうした違いから、男は論理的、モノタスク、空間や数理認識が得意で冒険志向となり、女は感情的、マルチタスク、安定志向、言語能力に富むなどの特徴となります。モノタスクは単一作業に集中し、マルチタスクは同時に複数作業が行えます。

POINT

　男性は学歴や勤務先の「優劣」といった序列や階層にこだわりますが、女性はこうしたことに比較的無関心です。ただし、男性でも女性脳、女性でも男性脳の人はこの限りではありません。「男性脳」は人差し指が薬指より短いという説もあります。

117 男性が「喜ぶこと」を女性は知っておこう

女性が男性を効果的に「操縦する方法」

　太古の昔から、男は獲物や女性を巡り競争するライバル同士です。相手より優位に立ちたい本能に導かれ、筋肉ムキムキの強さに憧れ、現代社会では肩書や地位などのステータスに憧れます。そのため、男性同士のボディタッチは嫌います。しかし、女性からのボディタッチは大歓迎です。女性から服を引っ張られたり、ニコニコした笑顔を向けられると「頼りにされている気分」になれてうれしいからです。「たくましい」「頭いいのね」「筋肉すごい」などと女性に言われると無性に張り切ります。女性が男性を動かしたい時は、この本能をくすぐることです。

POINT

　男性部下を持つ女性上司は、部下に舐められないようツッパリがちですが、とんだ勘違いです。男性は女性を格下に見る傾向がありますが、同時にカッコイイところも見せたいからです。
　女性上司は、男性部下に巧妙に「頼る」とうまく操れるのです。

118 「かわいい」を連発する女性心理とは?

男性は女性に「かわいいいね」と同調するのが正解

　女性は、「かわいい」を連発します。無粋な男性は、「これのどこがかわいいの?」などと聞いたりしますが、間違った対応です。女性の「かわいい」発言は意外に奥深く、女性同士で「かわいい」と発する時は対象物だけでなく、女性同士で「共感シグナル」を相互発信しています。また、自分も「かわいい」と思ってほしい願望の発露なので、一緒に同調すべきなのです。

119 「男脳」と「女脳」の違いで起こる「突然のシーン」

突然「殻に籠る男」と「泣きだす女」の対処とは

　男女の会話中、急に男性が押し黙ったり、女性が興奮して泣きだすシーンはあるものです。相手方が、ひどくうろたえる場面でしょう。女性は男性が急に黙りこんでも、話し続けていると気づきにくいですが、男性は女性との会話中に突然「上の空」になるのです。これが男性のモノタスク脳の特徴です。ふと何かを思いつくと、そちらに没頭してしまうからなのです。また、女性が感極まって泣きだすのは、女性のマルチタスク脳の感情センサーが複雑だからで、思いが千々に乱れるためです。いずれの場合も構わずに放っておくことで、やがてすぐに元に戻ります。

POINT

　「女の涙は武器」で、女性は形勢不利な場面で泣き、立場逆転の経験値も有します。泣かれた男は「悪者」の気分でオロオロしますが、女性もしばし泣けば収まります。男性が押し黙るのも短い間です。いずれも余計なことは言わずに見守ることです。

PART5

120 「遠距離恋愛」はなぜ続かないのか?

心理学者ボッサードによる5000組のカップル調査で判明

　会社勤めの人は、いつか転勤や出向が発令されるかもしれません。恋人がいる場合、移転先が近ければ安心ですが、数百キロ離れた地域だと気軽にデートもできません。男女の関係は物理的距離と心理的距離に比例するため、遠距離恋愛はほぼ失敗に終わります（ボッサードの法則）。SNSで頻繁に連絡を取り合っていても、やがて頻度は落ちます。2人の中間地点の新しい環境下でデートを続ければ、会うための負担も軽減し、多少のモチベーションは維持できます。ただし、転勤した人は新しい環境にどんどん馴染むため、古い環境を見捨てがちになります。

POINT

　「ボッサードの法則」は、「単純接触の原理」ともリンクしています。頻繁に接触を繰り返すことが、2人の心理的距離を縮め、安心感を醸してくれるからです。SNSなどで頻繁に連絡を取り合っていても、新環境に飛びこんだ側は、新環境に関心が向きます。

121 女性にモテる男性になるコツ

男性は「女性脳」の特徴を
フォローするのが大事

男性は「男性脳」丸出しで女性にコンタクトすると嫌われます。強さを勘違いした「昔ワルだった」自慢などは女性から見くびられます。女性は男性に「清潔感」「安定性」「成長性」を求めます。自分や子供を守る能力を見定めたいからです。紳士な態度で記念日を忘れぬ細やかな感性を見せ、結果でなく「きみがいてくれたおかげ」などのプロセスへの感謝が喜ばれます。

PART5
122 女性が男性の「セフレ」に陥らないためのコツ

「引いて引いて引きまくる」という
必殺の要諦

「彼氏がいつまでたっても結婚しようと言ってくれない」という
女性は、別の男との婚活を開始すべきです。優柔不断な彼氏は経
済力に不安があるか、女性をただのセフレとしてつなぎとめたい
だけの可能性が高いからです。また、女性は新たな男性との交際
において、簡単にいつでもデートに応じたり、付き合ってそうそ
うエッチしてはなりません。女性の存在価値を下げるからです。
追いかけるのが「男性脳」です。SNSも大慌てで返信せずに、
誘われても「今週は予定があってちょっと無理ね」と一度は断り、
再アタックさせて食いつかせましょう。

POINT

　男性は「性欲」、女性は「ロマン」がテーマです。男性は恋を
するとドカンとボルテージを上げ、大きなプレゼントやイベン
トを仕掛け、女性をモノにしようとしますが、いったん仕留め
たらトーンが下がります。じわじわ上がる女性とは逆なのです。

123 男性が女性を「速攻で口説く」心理テクニック

「一貫性の原理」と 「返報性の原理」の応用

　心理テクニックを使えば、初デートで男性が、女性を速攻で口説くことも可能です。「段階的依頼法（P.89）」の場合は、「きみが大好き。手をつないでいい？」でOKをもらい、「柔らかい手だね。ハグしていい？」でOKをもらい、密着したら「ほっぺにキスいい？」でOKをもらい、唇へのキスまで移行させます。「一貫性の原理」の応用での口説き方です。「譲歩的依頼法（P.90）」の場合は、「きみが大好き、エッチしたい」といきなり大きな要求をし、「それはまだダメよ」と断らせてガックリし、「じゃ、キスだけ」とすかさず譲歩して、これをOKさせる形です。

> **POINT**
>
> 　女性が男性に警戒心を持つのは、男性と違い「受け身の性」だからです。自分の体だけが目当てでは、と疑心暗鬼になるからです。女性はロマンを求めているので、ムードが悪かったり、「自然な成り行き」でないことを嫌います。そこが重要です。

124 男女のムードを盛り上げる「暗・近・狭」の法則

男女の物理的距離が近いほど「異性」を意識させる

「吊り橋理論」という「異性を意識させる」心理効果が知られます。男女の2人が吊り橋を渡ると、ぐらぐら揺れて心臓がドキドキします。このドキドキ感が異性を意識した時の心理と錯覚させるため、おたがいを意識させる効果が高いのです。ジェットコースターやお化け屋敷でも同様の効果が期待できます。「ボッサードの法則」にある通り、男女の心理的距離を縮めるには物理的距離を縮めることが早道です。また暗い場所のほうがおたがいの視覚領域を狭められます。薄暗いカラオケの個室などで、体が密着するほど隣り合わせに座るのが肝です。

> **POINT**
>
> 適度にアルコールも入ったほうが、おたがいの開放感も高まります。シティホテルのバーカウンターなどは、椅子も固定されているため、必然的に身体の密着度合いも高くなり、程よい暗さも演出されているところも多く、お薦めの場所になります。

125 女性の「OKサイン」の見極め方

「OKサイン」を確認してから次のステップへ

　女性は、男性がどれだけ自分を大切に優しく扱ってくれるかを常にチェックしています。ゆえに、女性のお眼鏡にかなわないと、男性は次の段階に進めません。次のような女性のOKサインが出ていることが大事です。「男性へのメール返信が早い」「食事の誘いを断らない」「電話での雑談が長い」「男性に弱音を吐く」「おたがいの趣味や嗜好の話が多い」「男性に甘える」「男性へのボディタッチが多い」「手を触り合って手相を見比べる」「家族や身内の話をする」「悩みを相談してくる」「手をつなぐのも平気」「飲食物の共有による間接キスに寛容」などです。

POINT

　女性の男性への許容度を測るには、並んで歩く時、わざと自分の手の甲を女性の手の甲に触れさせてみることです。女性が慌てて手を引っこめたら、まだまだガードが固い証拠です。店に入る時、女性の背に手を添えるなどで徐々に慣らしましょう。

PART5
126 「彼氏のいる女性」を略奪するワザ

「相談する」のは信頼の証なので取りこむチャンス

略奪の心理作戦は、まず、男性は自分にも彼女がいることにして女性に近づくことです。いないと女性が警戒するので、ダミーとして架空の彼女を作ります。そしておたがいに恋人のことを話せる関係を作ります。男性は自分の彼女にいかに優しくしているかを聞かせるのが肝でしょう。そのうち女性は、彼氏のことで相談してきます。これが、自分になびかせるチャンスになるのです。

127 恋愛を長続きさせる秘訣

相手に「最小関心の原理」を はたらかせない

「大好きだから付き合ってほしい」と一方が相手に懇願して付き合い始めた場合、相手が「最小関心の原理」をはたらかせやすくなります。関心が強すぎるあまり相手が増長し、こちらへは最小限の関心しか持たなくなる原理です。「惚れた弱み」で相手に尽くしすぎると相手の気持ちを冷めさせるのです。恋愛を長続きさせたいなら「対等の関係」になることが重要です。SNSに異性と楽しく遊ぶ場面をアップさせるなど、こちらも「モテること」をアピールします。「会社の人から告白された」などのウソ話などで、時々相手の嫉妬心を刺激するとよいわけです。

POINT

人気アイドルになると、ファンからキャーキャー騒がれるため、内心では辟易しているものです。ゆえにファンの熱気に接するほど傲慢になっていきます。年老いて、人気がなくなって初めて、ありがたい過去に憧憬を覚えるわけです。

PART5

128 上手な「別れ方」の秘訣

「未練」を生じさせないことが大事

　結婚詐欺師は、富豪やパイロットなどの身分を偽装し、容姿にも気を配り、「イイ男」や「イイ女」を演出します。そして標的の異性に近づき、巧妙に大金を引っ張りだした後、姿をくらませます。騙されたと気づかない相手はいつまでも探し続けますが、騙されたと気づいた相手は警察に訴えます。完全犯罪を狙う結婚詐欺師なら、偽装したままいったん相手と結婚し、大金を引き出してから、自堕落でどうしようもない人物を演じます。それで相手から愛想をつかされれば、無事に別れることも可能だからです。相手の恋のボルテージを下げることが肝です。

POINT

　相手と上手に別れるには、相手に「未練」を残さないことです。「元カレ」「元カノ」として、よいイメージを残そうなどと思うのはNGです。「顔も見たくない」ほど愛想を尽かされれば、「ストーカー」や「報復」の対象にもなりえないからです。

早く結婚して「資産形成」が正解

「夫婦共働き」をしないと貧困老後に

「人生100年時代」などと言いはやされていますが、長生きが「楽隠居」どころか「生き地獄」となる時代になりました。

日本は、90年代後半からのデフレ脱却もままならず、賃金は抑えられ、非正規雇用は労働者の4割に及び、大企業の内部留保だけが膨らんで、社会保障は風前の灯状態です。

ところで、賃金が低いために「結婚できない男が増えた」と言われます。たしかに、「50歳時未婚率(旧称・生涯未婚率)」は、5年毎に発表されますが、90年代以降急上昇を続け、2015年には男性23.37%(ほぼ4人に1人)、女性は14.06%(ほぼ7人に1人)になっています(70年代は男女ともに4%未満で25人に1人以下だった)。

男女ともに独身者が増えているのですが、これは個人にとっても、社会にとっても効率がよい形態とは言えません。

男性は自分の収入は全部自分で使いたいと思いがちですが、この心理は非効率ゆえ「資産形成」を困難にします。

可処分所得(手取り収入)が200万円の女性と可処分所得が300万円の男性の場合、2人が夫婦になると世帯所得は500万円になり、単純に2人で割れば1人当たり可処分所得は250万円ですが、等価可処分所得の考え方を導けば、所得

「年金終価係数」に見る「複利」のパワー

	《2％》	《3％》	《5％》
1年	1,000,000円	1,000,000円	1,000,000円
5年	5,204,000円	5,309,000円	5,526,000円
10年	10,950,000円	10,159,000円	12,578,000円
15年	17,293,000円	18,599,000円	21,579,000円
20年	24,297,000円	26,870,000円	33,066,000円
25年	32,030,000円	36,459,000円	47,727,000円
30年	40,568,000円	47,575,000円	66,439,000円

毎月8・8万円（年間100万円）を2％、3％、5％で複利運用するとこうなるよ。時間を味方にするには早く始めること！

合計を人数分の平方根で割るので、＜ 500 ÷ √ 2 ＝ 357 ＞となります。これは、2人世帯で357万円の可処分所得で生活が可能という意味合いになり、男女の生計を共にすれば、コストは2倍でなく1.4倍にしかならないのです。

　こうして夫婦共働きを続け、厚生年金にもそれぞれが加入すれば、65歳から受け取る世帯での年金額にも期待できます。足枷になる住宅ローンなど抱えずに、安い賃貸物件に住み、貯蓄に励めば、「投資のタネ銭」も生まれます。マイホームは数十年後に朽廃するだけなので、人口減少が進み、今以上に安くなった不動産を老後に買えばよいだけです。ネットにある「年金終価係数」を使えば、「金融商品」や「不動産」に投資した資金が、利回り何％で何年運用すればいくらになるかもわかります。二人三脚で合理的精神を発揮して「子育て」と「資産形成」に励めば安心老後にもつながるわけなのです。

\ 巻末プレゼンツ /

知っておくべき
基本の心理法則

28

01

ジャネーの法則

歳をとるほど時間が短い

　年齢を重ねるほど時間の経過を短く感じる記憶効果です。50歳の人にとっての1年は、人生の50分の1ですが、5歳の人にとっては5分の1です。時間の心理的長さは、年齢に逆比例します。感動体験が少なくなるためなのです。

02

系列位置効果

情報に接した時の「記憶」の順位

　少ない情報の時は、「あとの情報」が強く印象づけられます。たとえば「山田はケチだけど、イイ奴」なら「イイ奴」の印象ですが、「山田はイイ奴だけど、ケチ」と聞けば、「ケチ」の印象が強まります。複数名が自己紹介する時は、「一番最初の人」と「一番最後の人」の印象だけが記憶に残りやすくなります。一番最初の情報が記憶に残りやすい場合を「初頭効果」、一番最後の情報の場合を「親近化効果」と呼びます。情報を伝える順番によって印象も変わるのです。

03

カリギュラ効果

禁止されると「禁」を破りたくなる

　人は禁止されると反発します。昔、ローマ皇帝カリギュラを描いた映画が「残酷すぎる」として、米国ボストン市内での上映が禁止されたことがありました。するとボストン市民は大挙して近隣の市まで出かけたのです。禁止されると余計好奇心が刺激され観たいと思わされたからでした。意中の女性に「あの人は遊び人だから、付き合っちゃダメよ」と自分のことを吹きこんでもらうと、意中の女性はみるみる自分に注目してきます。禁止されて好奇心を刺激されたからです。

04

フレーミング効果

「思考の枠組み」を再構築する

　「お客さんが気に入られたこの物件のお家賃は、ご予算より3000円オーバーしてます」と伝えたのでは、お客を迷わせます。「1日100円、予算よりオーバー」と伝えればお客も背中を押されます。「私は社長に就任してから、営業利益率を1％から2％に上げた」では大したことなく聞こえますが、「私は営業利益を2倍にした」と言えば迫力が違ってきます。言い方ひとつで、相手の「思考の枠組み」は変えられます。「もう5時」と「まだ5時」の違いは大きいのです。

返報性の原理

「お返し」をしたくなる心理

　他人から何らかの「施し」や「サービス」を受けると、相手にも「お返しをしないと悪いなぁ」と思ってしまいます。スーパーで試食をしたら、その商品を「買ってあげようかな」という気になります。また、誰かから好意を持たれると、こちらもその人に好意を持ちます（好意の返報性）。ゆえに好きな人には勇気を奮って告白すれば、好印象になるのでお薦めなのです。さらに誰かから悪意を持たれた場合には、こちらも相手に悪意を持ちます（悪意の返報性）。

06

バンドワゴン効果

多数派に同調したくなる心理

　バンドワゴンはパレードの列を先導する楽隊車のことです。「時流に乗る・多勢に与する・勝ち馬に乗る」という意味になります。みんなと同じが安心ということで、流行現象や、当選しそうな候補者に票を投じる行動を指します。正しいかどうかは、関係がないため、「人々が信じているから神様は実在するはず」といった論理学上の誤りとしても扱われます。反対に「人と同じは嫌」という「スノッブ効果」や、判官びいきの「アンダードッグ効果」もあります。

07

リンゲルマン効果（傍観者効果）

社会的手抜き現象

運動会の綱引きや集団作業では手抜きの人が現れます。道路に倒れた人がいても「誰かが助けるだろう」と大勢が素通りしたりします。こんな時は「そこのTシャツの若い2人組、助けてあげてよ」と指名すると行動するものです。

08

認知的不協和

自分の認知と矛盾すると不快になる

「煙草は健康に有害」と指摘されているのに禁煙できない人は不快なので、「喫煙者でも長生きの人は大勢いる」「ストレス解消に役立つ」「煙草はそれほど有害ではない」と思いこみ、認知を変えます。認知的不協和に陥ると行動を変えるか（禁煙する）、認知を変えるしかないからです。イソップの寓話でブドウが食べられなかった狐は「どうせ、酸っぱいさ」と認知を変えました。自分の買った商品の半額セールを目撃した場合も、不快なので、人はそれぞれに認知を変えています。

09

共通項・類似性の原理

似たところがあると親しみを覚える

人は相手との共通項や類似性が多いほど、「似た者同士」や「仲間」を意識して「親しみ」を覚えます。出身地や学校、趣味や経験したスポーツ、好きな食べ物、TV番組、俳優などなんでもよいのです。嫌いなモノでも同じ原理が、はたらきます。

10

ペーシングとディスペーシング

相手とのコミュニケーション作法

ペーシング（同調）は、「笑顔には笑顔で」「悲しむ人には悲しい態度」で応じて、相手を安心させ、仲間意識を育む態度なので、会話も長く続きます。反対に「笑顔の人に怒って応じる」や「悲しむ人に笑って応じる」のはディスペーシング（反同調）なので、会話は中断するはずです。怒って迫る人に委縮するのは「ペーシング」ゆえに相手は増長して怒り続けます。「落ち着いてください」と冷静な態度で適度にディスペーシングするからこそ、相手の怒りも鎮められます。

11

カメレオン効果

さり気ない「マネ」で高感度アップ

　カメレオンは環境に応じ肌の色を変えます。それと同じように、相手の言葉をオウム返しすると、相手は自分の話をよく聞いてくれていると感じます。「会社の帰りにね、面白い店を見つけたよ」と聞いたら、すかさず「ほう、面白い店かー」と相づちを打ちます（バックトラッキング効果）。また、相手が頭の後ろを手でかいたら、こちらもさり気なくその仕草をマネます。ビールを飲んだらこちらも飲みます（ミラーリング効果）。これらで相手の無意識に好感度を刻めます。

12

ツァイガルニク効果

途中遮断されると続きが気になる

　人は達成できなかった事柄や中断した事柄のほうが、達成できた事柄より、よく覚えているという記憶作用です。

　旧ソ連の女性心理学者ブルーマ・ツァイガルニクが実験で明らかにしました。TVの連続ドラマも、盛り上がったところで「次回に続く」となります。漫画雑誌もそうです。途中まで盛り上がって急に打ち切られると、続きが余計に知りたくなるのです。人は目標に向かっている時は緊張するものの、目標が達成されると緊張が解消するからです。

13

バーナム効果

占いが的中していると思わせる手法

　占い師は、お客を目の前にして、生年月日を調べたり、人相や手相をしげしげと眺めます。これは、目の前のお客に限定して占っていることを示す儀式です。次いで誰にでも当てはまることを伝えます。「あなたは孤独ですね」「お金の悩みがありますね」などです。すると漠然とした曖昧なご託宣に対し、お客は自分の具体的な事情を当てはめて、「はい、そうなんです」などと答えてしまいます。こうしてお客の情報を収集しながら、当たっていると思わせていく手法なのです。

14

アンカーリング効果

最初に提示された数値に縛られる

　標準的な価格を知らないと、相手が提示した金額が高いか安いか不明です。すると提示された金額が、船の錨（アンカー）のように固定化され、そこからの値引き交渉になりがちです。スーパーの冷凍食品売り場では、時々半額セールが行われますが、ふだん500円で販売される冷凍チャーハンの価格がオトリのアンカーゆえに、実は半額表示が本来の適正価格です。景表法では安売り表示前の8週間のうち半分以上の期間通常価格で販売すれば虚偽表示にはなりません。

15

ザイアンスの3法則

人が親しみを覚えるための原理

米国の心理学者ロバート・ザイアンスは、「①人は知らない人には攻撃的、批判的、冷淡に応じる。②人は会えば会うほど親しくなる（単純接触の効果）。③人は相手の人間的側面を知ると、より好意を持つ。」と人間の性向を喝破（かっぱ）しました。

16

ローボール・テクニック

受け取りやすい球は受けてしまう

「ローボール・テクニック」は詐欺的商法に多く使われます。「老後の安心にアパート経営！ 30年間一括借り上げ・自己資金が少なくても土地がなくてもOK！」などと「運営まで任せて安心」をうたう新築アパートビジネスがあります。しかし、建築費は相場の2倍で、家賃も2年毎に下げられ、リフォーム代も高額ゆえ他の業者を使えば契約解除され、入居者も引き抜きます。30年後にローン完済できても建物は老朽化し、値下がった土地だけが残る詐欺的商法にすぎないのです。

17

ディドロ効果

気に入ったモノにすべて合わせたい

フランスの思想家ディドロの
エッセイにちなみ名付けられた
心理効果です。あるモノの購入
が気に入ると他のモノもそれに
合わせて統一したくなる心理で
す。ブランド物を購入して気に
入り、すべて同じブランドで揃
えたくなったりするわけです。

18

ダブルバインド（二重拘束）

矛盾したメッセージの罠

「金持ちだけどブサイクな男と貧乏だけどハンサムな男のど
ちらが好き？」と尋ねると、どちらも好みでなくても「金持
ちのほう」などと答えてしまいがちです。質問には誠実に答
えるべきという義務感がそうさせ、二者択一の問いかけは二
重拘束の誤った質問法になりがちです。本来は「どんな男性
が好き？」と尋ねるのが正しい質問の仕方です。「失敗を恐
れず挑戦しろ！」と社長が訓示し、社員が失敗したとたん減
給処分にしたというのもダブルバインドの罠なのです。

19

メラビアンの法則

視覚的要素の影響力が大きい

　米国の心理学者メラビアンが実験で明らかにしたのは、話の内容（言語情報）、話し方（聴覚情報）、顔の表情（視覚情報）などのどれかに矛盾があった時、いずれがどの程度影響するかの分布でした。言語情報が7％、聴覚情報が38％、視覚情報が55％としたのですが、この結果が一人歩きして、「人は見た目が一番重要」という解釈が広まりました。本来は「見た目が重要」は間違いではないものの、悲しい話なのに笑って話すといった表現上の矛盾状況が前提でした。

20

モチベーション効果

外発的達成動機と内発的達成動機

　モチベーションとは「動機づけ」です。「やる気」や「意欲」を持続させる心の作用です。給与や昇進、ご褒美、賞賛、名誉といった外部報酬や、罰則、強制などで仕事が行われる場合は外発的達成動機によるため、持続性が損なわれやすい動機づけになります。また、好奇心や興味によって心から好きで仕事に取り組んでいる場合は、行動そのものが目的となる内発的達成動機によります。人生目標に合致した外発的達成動機があるなら、内発的達成動機とも矛盾せずに両立します。

21

不定率強化

不確定な報酬が喜ばせる

　給料は定期的に入る報酬なので、振り込まれてもそれなりの喜びですが、臨時ボーナスが支給された時のうれしさは不確定（不定率）の報酬ゆえに格別なものになります。時々大当たりを経験してギャンブルにはまるのも同じ原理なのです。値引きを強いている下請け会社に、たまに元受け会社は満額を払って下請け会社を喜ばせ、従属させます。LINEの返信がいつ来るかわからない彼氏が、たまにすばやく返信すると、彼女は喜び倍増で彼氏にますます縛られます。

22

マム効果

沈黙によって得られる功と罪

「マム（Mum)」とは沈黙の意味です。寡黙で自分のことを話さない人は、対人関係で悪い印象を与えます。情報量が少ない時、人は悪い方向に考えがちだからです。頻繁に連絡をくれた恋人から連絡が途絶えると、何か悪い事態が発生したのではないかと不安にさせられます。連絡が来ない日数が長すぎると怒りに変わります。ただし、ほんの1日程度の遮断にして「連絡できなくてごめん。昨日は〇〇で大変で…」などと伝えると相手の喜びは大きくなります。

23

集団極性化現象

個人より集団が恐ろしい

「集団極性化」とは、集団で意思決定を行う時は、個人で意思決定する場合より判断が極端な方向に傾きやすいことを指します。過激な方向に向かう場合が「リスキーシフト」、安全無難な方向に向かう場合が「コーシャスシフト」です。

24

プロスペクト理論

得することより損することに敏感

02年に行動経済学分野でノーベル経済学賞を受賞したダニエル・カーネマンが提唱して一躍有名になった「損失回避の法則」です。人は目先の利益はそのまま得ようとしますが、損失がある時はその回避のためにリスクを取ろうとします。コイントスをする時に、A：「無条件で100万円が貰える」B：「表なら200万円、裏ならゼロ円」の場合、誰もがAを選びます。しかし、負債が200万円の人はBを選ぼうとする傾向が強まります。損失があると損失自体の回避に走るからです。

25

認知バイアス

認知には歪みや偏りが生じる

　人は外界の刺激を知覚し、それを経験や知識などで整理し認知としています。ゆえに、人はそれぞれに認知の歪みや偏りが生じます。たとえば、「感情バイアス」は自分の楽観的感情だけで物事を判断します。「正常性バイアス」は危険が近づいていても自分は安全と思いこみます。「確証バイアス」は先入観に基づき自分に都合のよい情報だけを集めて物事を判断します。「喪失不安バイアス」は今やめると過去のすべてがムダになると、サンクコストに呪縛されます。

26

連合の原理

「好印象」は隣接させると結びつく

　美人秘書を従える社長はヤリ手に見え、クルマの隣に美女を立たせればクルマも映えます。美味しい食事の招待は接待した人を「好印象」にします（ランチョンテクニック）。CMは好感度の高いタレントを起用し、商品の好印象を演出します。

27

ロミオとジュリエット効果

反対されると恋は燃え上がる

　シェークスピアの戯曲で有名なロミオとジュリエットは、家柄の違いを理由に交際を禁じられますが、余計に恋の炎を燃え上がらせます。カップルは、障害があるほど、それを乗り越えようとします。禁じられると逆らいたくなる心理（カリギュラ効果）と、障害を乗り越えようとする意欲を、恋のボルテージの高さと錯覚してしまうからです。W不倫のカップルは障害を乗り越え、やがておたがいが離婚して2人が結ばれたとたん、急に熱が冷めたりしています。

28

一貫性の原理

自分の態度は首尾一貫させたい

　人には、自分の判断や行動を一貫させたい心理がはたらきます。なじみの飲食店に行くのは、選択するのが面倒で失敗が少ないとか、人としてブレない態度は高評価につながるといった認識があるからです。小さな要求でイエスを取り付け、次に少し大きな要求にもイエスを取り付ける「段階的依頼法（P.89）」や、セールスで「いい天気ですね」などと話しかけ、「そうですね（イエス）」を繰り返させてクロージングまで行く「イエスセット」などにも使われています。

著者紹介

神岡真司（かみおか しんじ）

心理学研究家。最新の心理学理論をベースにしたコミュニケーション・スキル向上指導に定評がある。会話力上達、トリックトーク、モチベーション開発などの他、ヒプノセラピーによる自己変革、悩み解消などの"心のパワーアップ"研修まで幅広く対応。現在、日本心理パワー研究所を主宰し、法人対象での各種従業員トレーニング、組織活性化コンサルティング、セミナー開催などで活躍中。著書に『男と女の LOVE 心理学』（マガジンハウス）、『衝撃の真実100』（ワニブックス）、『最強の心理学』（すばる舎）など多数。

メールアドレス kamiokashinzi0225@yahoo.co.jp

イラスト／いしかわ みき
装丁・本文デザイン・DTP ／八木麻祐子　尾崎朗子（Isshiki）
進行／寺田須美　高橋栄造（辰巳出版）

仕事・人づきあいで差がつく

知っておきたい心理テクニック 156

2020 年 2 月 20 日　初版第 1 刷発行

著　者　　　神岡真司
発行人　　　廣瀬和二
発行所　　　辰巳出版株式会社
　　　　　　〒 160-0022
　　　　　　東京都新宿区新宿 2 丁目 15 番 14 号　辰巳ビル
　　　　　　TEL 03-5360-8960（編集部）
　　　　　　TEL 03-5360-8064（販売部）
　　　　　　FAX 03-5360-8951（販売部）
　　　　　　URL http://www.TG-NET.co.jp
印刷所　　　三共グラフィック株式会社
製本所　　　株式会社セイコーバインダリー